Wir werden nun einen Spaziergang durch Italiens Küchen von Turin bis Syrakus antreten und dabei an die hundert Gerichte kennenlernen, die allesamt das Prädikat klassisch verdienen. Nach dem *Köchel-Verzeichnis* (it 96) und *Die Küche meiner Tante Mélanie* (it 192), in der es französische Hausmannskost von Anno dazumal gab, locken nun Italiens Landschaften mit ihren Spezialitäten. Man kann sich der Führung Manuel Gassers ruhig anvertrauen, schon zu den Rezepten seiner beiden ersten Kochbücher gab es begeisterte Zustimmung.

Der Maler und Fotograf Manfred Seelow wurde 1939 in Berlin geboren. Er studierte vier Jahre an der Hochschule der Bildenden Künste in Berlin und ging dann nach Paris, wo er seit 1964 lebt. Manfred Seelow arbeitete sieben Jahre als Art Director einer Werbefirma.

Die Bilder dieses Bandes wurden auf Küchengeschirr gemalt.

Manuel Gasser
Spaziergang durch
Italiens Küchen

Mit Bildern von Manfred Seelow
Insel Verlag

insel taschenbuch 391
Erste Auflage 1979
Erstausgabe
© Insel Verlag Frankfurt am Main 1979
Vertrieb durch den Suhrkamp Taschenbuch Verlag
Umschlag nach Entwürfen von Willy Fleckhaus
Satz: Weihrauch, Würzburg
Druck: Nomos Verlagsgesellschaft, Baden-Baden
Printed in Germany

Für Petra Kipphoff und Franco Cianetti

Spaziergang durch Italiens Küchen.

Als ich vor gut vierzig Jahren zum erstenmal nach Italien fuhr, sah ich in Mailand ein Plakat, das für die Gastronomie des Landes warb. Dargestellt war der Stiefel samt seinen Satelliten Sizilien und Sardinien, aufgeteilt nicht in die heutigen Provinzen, sondern in die historischen Regionen mit den alt-ehrwürdigen Namen Lombardei, Friaul, Toskana, Latium und so fort. Jedes der siebzehn Felder strotzte von farbigen Wiedergaben köstlicher Landesprodukte und Gerichte. Piemont prunkte mit Fasanen, Forellen, weißen Trüffeln, leckerem Käse und so fort; Venedig und sein Hinterland warteten mit Meergetier, Enten aus der Lagune und verlockendem Backwerk auf; Sizilien bot Schwertfisch, Hummer, riesige Steinpilze an und Früchte im Überfluß. Kurz, ich hatte das Gefühl, ein Schlaraffenland mit lauter nie gekosteten Tafelfreuden betreten zu haben.

Dann fuhr ich in Etappen bis hinunter nach Neapel und Paestum und sah mich in meinen hochgespannten Erwartungen enttäuscht. Zwar aß man damals wie heute selbst in der bescheidensten Trattoria erfreulich gut, aber die Speisekarten ähnelten sich auf der ganzen langen Reise auf ermüdende Weise. Die **costoletta alla milanese** verfolgte mich von ihrem Ursprungsort bis nach Amalfi; in Umbrien wurde anstelle des versprochenen, am Spieß gebratenen Spanferkels derselbe **vitello al forno** aufgetischt wie überall; und statt der sukkulenten regionalen Würste sah ich auf der ganzen Fahrt nur Mailänder Salami und Mortadella aus Bologna.

Seither war ich über hundertmal in Italien und habe in Küchenfragen einiges dazugelernt.

Vor allem, daß es *die* italienische Küche in Wirklichkeit gar nicht gibt; vielmehr zählt das Land ebensoviele Küchen wie historische Regionen. Also über ein Dutzend. Sie in irgendeinem Zusammenhang auf einen einzigen Nenner bringen zu wollen, ist verlorene Liebesmüh. Denn nicht einmal die weitverbreitete Auffassung, in ganz Italien werde mit Olivenöl gekocht und gebraten, trifft zu: In der Lombardei beispielsweise ist Butter Trumpf und in den Abruzzen Schweineschmalz.

Nun hat allerdings die Tatsache, daß in den letzten Jahrzehnten eine gewaltige und statistisch kaum zu erfassende Wanderung von Süditalienern in die Industriegebiete der Lombardei, des Piemont und Venetiens stattfand, auch eine nicht mehr zu übersehende Verwischung der kulinarischen Grenzen mit sich gebracht.

So sind heute Pizza und Teigwaren im Norden, wo früher Reis und Mais uneingeschränkt geherrscht hatten, fast so populär geworden wie in ihrer neapolitanischen Heimat. Das Gewürzkraut Origano, das man vor kurzem nördlich der Stadt Rom kaum dem Namen nach kannte, gilt jetzt für ganz Italien als typisch. Mozarella und Scamozza aus Kampanien, Caciocavallo aus Kalabrien und Pecorino aus Sardinien behaupten sich beim Mailänder Käsehändler neben dem einheimischen Gorgonzola, Grana oder Bel Casale. Und so fort.

Diesen Umschichtungen zum Trotz lebt die angestammte regionale Küche weiter. Ihre Rezepte werden weitergegeben durch eine Kochbuchliteratur, die ihre Aufmerksamkeit nicht nur ganzen Provinzen, sondern auch den abgelegensten Landschaften widmet.

Nirgends aber wird die traditionelle italienische Küche mit mehr Liebe und Sorgfalt gepflegt als in den Familien. Ich habe schnell herausgefunden, daß die Italienerinnen aller Gesellschaftsklassen passionierte Köchinnen sind und sich leidenschaftlich gerne über Küchenfragen unterhalten; daß darum ein Gespräch über Essensdinge mit einer Aristokratin ebenso ergiebig ist, wie wenn es mit ihrem Küchenpersonal geführt wird. Denn alles spricht dafür, daß in Italien die kulinarische Tradition weniger durch die Chefs der berühmten Restaurants als durch die Hausfrauen von der Bäuerin bis zur Herzogin gehütet wird.

Sodann machte ich die Beobachtung, daß man in den Provinzstädten am besten in jenen kleinen, alteingesessenen Hotels speist, wo auch die Honoratioren des Ortes verkehren. Dort hat man sich zwar meistens mit einer einzigen Speisefolge zu bescheiden, lernt dafür aber die regionalen Spezialitäten kennen.

Hält man sich längere Zeit am selben Ort auf und hat man die gute Adresse entdeckt, so bleibe man ihr auch treu. Der Wirt ist dann für Sonderwünsche zugänglich und bereit, Gerichte zuzubereiten, die normalerweise nicht auf dem Speisezettel figurieren. Und schmeckt etwas besonders gut, so verlange man das Rezept. Es wird in der Regel gerne mitgeteilt. Ein Rezept zu haben genügt indessen nicht; man muß es auch befolgen. Und zwar sehr genau befolgen. Wenn also beim **risotto alla milanese** außer den üblichen Zutaten auch Rindermark vorgeschrieben ist, so scheue man die kleine Mühe nicht, sich dieses Ingredienz zu beschaffen. Es macht den ganzen Unterschied aus zwischen einem Allerwelts-Risotto und der Mailänder Köstlichkeit. Und wenn für die venezianische Leber fünfzig Minuten Schmorzeit für die Zwiebeln verlangt werden, so begnüge man sich nicht mit einer halben oder gar Viertelstunde.

Die Hauptschwierigkeit beim Kochen **all'italiana** besteht in der Beschaffung der Zutaten. Immerhin hat sich hier die Lage seit Kriegsende sehr verbessert. Auberginen, Fenchel, Pfefferschoten sind heute überall zu haben; auch die verschiedenen Sorten getrockneter Bohnenkerne findet man leicht – ja, sogar frischer Mozzarella- und Stracchino-Käse wird manchenorts angeboten, und in den von Gastarbeitern bevorzugten Läden prangt die ganze Skala italienischer Wurstwaren vom Cotechino bis zum gefüllten Schweinsfuß, dem **zampone.**

Bei vielem freilich heißt es verzichten. Denn wo findet man nördlich der Alpen die weiße Trüffel, die der piemontesischen Küche ihren Glanz verleiht? Wo den dünnen, grünen, wildgewachsenen Spargel, der so ungleich aromatischer ist als unser Gewächs? Wo die kleinen, zarten Artischocken, die, **alla giudia** in Öl frittiert, mit Stumpf und Stiel verzehrt werden?

Bei anderem wieder ist man zu Kompromissen gezwungen, muß Öl-Sardellen anstelle von gesalzenen verwenden, die **ricotta** durch Quark ersetzen und sich damit abfinden, daß unsere Petersilie verglichen mit der italienischen fast gar keinen Geschmack hat.

Manche Feinheit der italienischen Küche wird bei uns zulande auch durch bloße Bequemlichkeit verpaßt. Natürlich ist es einfacher, pasteurisierten, geriebenen Parmesan aus der Tüte zu verwenden; das einzig Richtige aber ist frischgeriebener Parmesan vom Stück. Auch darf man sich nicht mit Arachiden- oder Sonnenblumenöl begnügen, sondern muß sich an kaltgepreßtes Olivenöl halten. Und was den Essig betrifft, so besteht zwischen dem bei uns angebotenen Produkt und echtem italienischen Weinessig ein Unterschied wie zwischen Tag und Nacht.

Wir werden nun einen Spaziergang durch Italiens Küchen von Turin bis Syrakus antreten und dabei an die hundert Gerichte kennenlernen, die allesamt das Prädikat *klassisch* verdienen. Wobei unter klassisch nicht nur ihr ehrwürdiges Alter, sondern auch ihre Einfachheit gemeint ist. Denn die italienische Küche ist, verglichen mit der französischen **haute cuisine,** verblüffend einfach. Sie kommt ohne elaborierte Saucen, exotische Gewürze und komplizierte Kochvorgänge aus. Sie ist, historisch gesehen, die Urmutter der französischen Küche; da sie aber die Verfeinerung der letzteren im 17. und 18. Jahrhundert nicht mitgemacht hat, ist sie dieser in Dingen der Bekömmlichkeit auch wieder voraus: Viele Prinzipien der heute mit großem Tamtam propagierten **nouvelle cuisine** waren in Italien seit jeher gang und gäbe.

Und noch ein Ratschlag, bevor wir unsern Spaziergang beginnen: Die geneigte Leserin möge in ihrem Gärtchen oder auf dem Balkon reichlich Basilikum aussäen; es wäre jammerschade, wenn sie mangels dieses Krautes auf den **pesto alla genovese** und manche andere Köstlichkeit verzichten müßte! Und wenn sie auf ihrer nächsten Italienreise bei einem Gewürzhändler Safran in Staubfäden findet, so greife sie zu; er ist viel aromatischer als die in Pulverform angebotene Handelsware.

Piemont. Der Drang nach Süden verführt viele Italien-
fahrer dazu, eine der charaktervollsten und schönsten
Regionen rechts liegen zu lassen: Piemont und Val
d'Aosta.

Für diese nordwestlichste Ecke Italiens ist das Hochge-
birge mit seinen Gemsrevieren ebenso bezeichnend, wie

es die Reisfelder um Novara sind; das lieblich-herbe Herz-
stück Piemonts aber ist die Hügellandschaft von Asti. In
Piemont gedeihen Weine, denen an Adel und Rasse einzig
einige wenige Chianti-Sorten gleichkommen: Barolo, Bar-
baresco, Barbera, Nebbiolo und so fort; hier wurde der Ver-
mouth erfunden, und von hier stammt die größte – und lei-

der immer seltener und teurer werdende – kulinarische Kostbarkeit Italiens: die weiße Trüffel.

Unvergeßlich ist mir ein Mittagsmahl in Asti. Es war an einem Oktobersonntag, der große, helle Speisesaal des besten Hauses am Platze war von fröhlich schmausendem Volk dicht besetzt, und schon unter der Tür schlug uns der Trüffelduft in Schwaden entgegen. Denn die Kellner eilten mit Knollenpilz und Schabeeisen von Tisch zu Tisch, um Risotto und Nudeln durch papierdünne Trüffelscheiben in eine Götterspeise zu verwandeln.

Geschabte weiße Trüffeln gehören auch zu einer der berühmtesten Spezialitäten Piemonts, zur **Fondua.**

Die Fondua ist das piemontesische Gegenstück zur Schweizer Fondue, raffinierter als diese und dementsprechend schwieriger zuzubereiten. Da sie auch ohne Trüffelbeigabe ganz vorzüglich schmeckt, sei das Rezept hier mitgeteilt.

Es braucht dazu 400 g Fontina-Käse, 2 dl Milch, 20 g Butter und 4 Eidotter.

Der Käse wird in feine Scheiben oder kleine Würfel geschnitten und über Nacht oder doch mindestens während zwei Stunden in die Milch eingelegt. Man läßt die Butter in einem emaillierten Pfännchen schmelzen, gibt den Käse samt der Milch dazu und rührt im Wasserbad so lange, bis sich eine gleichmäßige Masse gebildet hat. Dann gibt man das Pfännchen aufs Feuer, fügt unter ständigem Rühren ein Eidotter bei, rührt weiter, bis sich dieses gänzlich mit dem Käse verbunden hat, und fährt mit den restlichen Eidottern in der gleichen Weise fort. Dann wird die Fondua in sehr heiße Teller angerichtet, mit einem Kranz aus kleinen, gerösteten Weißbrotscheiben umgeben, mit dünnen Trüffellamellen bestreut und sogleich aufgetragen.

Neben der Fondua gilt die **Bagna caöda** als zweites piemontesisches Nationalgericht. Das ist eine heiße Sauce, die zusammen mit frischen Rohgemüsen eine vitaminreiche, kalorienarme und delikate Vorspeise ergibt. Im Gegensatz zur Fondua ist sie schnell und leicht herzustellen.

Es braucht dazu 3 dl Olivenöl, 150 g Sardellen, 50 g Butter, 6 Knoblauchzehen, eine irdene oder emaillierte Fondue-Pfanne und einen Tischkocher. Als Zutaten kommen alle Gemüse in Frage, die roh gegessen werden: Fenchel, Pfefferschoten, Selleriestangen, Weiß- und Blumenkohl. In einigen Gegenden Piemonts werden die Rohgemüse durch gekochte Kartoffeln, rote Beete usf. ergänzt oder ersetzt.

Zubereitung: Die Sardellen und der Knoblauch werden sehr fein gehackt. Auf dem Küchenherd läßt man die Butter in der Fondue-Pfanne schmelzen, gibt den Knoblauch dazu und röstet ihn leicht an, doch ohne ihn Farbe annehmen zu lassen. Erst jetzt fügt man das Olivenöl und die Sardellen bei, erhitzt bis zum Siedepunkt und läßt während zehn Minuten ganz leise köcheln. Jetzt bringt man die **bagna caöda** *auf den Tisch, wo die Flamme des Spirituskochers so reguliert wird, daß die Sauce zwar sehr heiß bleibt, aber nicht zum Kochen kommt. Von Hand oder mit der Gabel werden die rohen oder vorgekochten Gemüse eingetunkt.*

Piemont ist reich an Feder- und Haarwild. Ein Gericht, das eigentlich für Wildkaninchen gedacht ist, ebensogut aber auch mit einem Stallhasen zubereitet werden kann, heißt **Coniglio in peperonata**.

Für ein junges Kaninchen braucht es dazu 60 g Butter, 50 g Kalbsnierenfett, 1 Lorbeerblatt, 1 Rosmarinzweiglein, Fleischbrühe, weißen Weinessig, 4 bis 5 fleischige Pfeffer-

schoten, 3 Sardellen, 2 Knoblauchzehen, Olivenöl, Salz und Pfeffer.

Das Kaninchen wird in gleichmäßige Stücke geschnitten und über Nacht in halb Wasser, halb Weinessig mariniert. Anderntags trocknet man das Fleisch gut ab. Das Nierenfett wird mit den zerbröselten Rosmarinnadeln gut vermengt und in einem Deckeltopf mit 30 g Butter erhitzt. In dieser Fettmischung werden die Kaninchenstücke ringsum leicht angebraten. Man fügt das Lorbeerblatt bei und schmort zugedeckt, indem man von Zeit zu Zeit etwas Fleischbrühe zugießt.

Nun putzt man die Pfefferschoten und schneidet sie in feine Streifen. In einem zweiten Topf erhitzt man den Rest der Butter mit zwei Eßlöffeln Olivenöl, läßt darin die zerkleinerten Sardellen etwas anziehen, gibt die Pfefferschoten mit dem Knoblauch dazu, salzt, pfeffert und läßt die **peperonata** *schmoren, indem man nach und nach vier Eßlöffel Weinessig dazugibt.*

Wenn das Kaninchen halb gar ist, fügt man die **peperonata** *hinzu und läßt alles während 20 Minuten zugedeckt weiterschmoren.*

Piemont ist berühmt für seine Nachspeisen. Eine von ihnen hat es im Laufe der Zeit sogar im Ausland zu Ansehen gebracht: der **Zabaione.**

Seine Herstellung ist denkbar einfach, doch ist es wichtig, sich zu diesem Zweck einen *trockenen* **Marsala** zu verschaffen; man achte darum beim Einkauf auf die Bezeichnung »secco«.

Für vier Personen braucht es außer dem sizilianischen Wein vier Eier und vier Eßlöffel Zucker.

Man gibt die Eidotter in ein Saucenpfännchen, fügt den Zucker hinzu und schlägt die Masse mit dem Schneebesen, bis sie gleichmäßig luftig ist, mischt vier Liqueur-

Gläschen Marsala darunter, stellt das Pfännchen ins Wasserbad und rührt den **Zabaione**, bis er anfängt, sich zu verdicken. Dann füllt man ihn in Weingläser und trägt ihn heiß, begleitet von trockenen Bisquits, auf.

Postscriptum: Der geneigten Leserin wird der **Zabaione** wohl kaum beim ersten Mal zur Vollkommenheit geraten; auch muß sie die Dosierung des Weines erst in Griff bekommen; sie ist, wie so vieles in Küchendingen, Geschmackssache.

Eine Mahlzeit im Val d'Aosta wird gekrönt durch den traditionellen **Caffè valdostano.**

Man trinkt ihn aus einer holzgeschnitzten Deckelkanne mit mehreren Ausgüssen, die **grolla** heißt. Form und Name dieses Trinkgefäßes sollen vom Gral der mittelalterlichen Ritter abstammen; der **caffè valdostano** schmeckt indessen auch aus gewöhnlichen Tassen oder Gläsern getrunken ausgezeichnet.

Man benötigt dazu vier Tassen Kaffee, etwas Rotwein, ein Gläschen **grappa** *(Traubentrester), 8 Kaffeelöffel feinen Zucker und eine Zitronenschale.*

In den nicht zu stark zubereiteten Kaffee gibt man einen Schuß Rotwein, den Traubenschnaps, den Zucker und die sehr dünn abgelöste Zitronenschale, erhitzt das Getränk im Wasserbad und serviert es sehr heiß.

Ligurien. Genua, das sich den klingenden Beinamen La Superba beigelegt hat, teilt Ligurien in zwei Hälften: in die Riviera di Ponente, die bis zur französischen Grenze reicht, und die Riviera di Levante mit La Spezia am südlichen Ende.

Ligurien ist ein schöner, aber nicht eben fruchtbarer Küstenstrich, und auch das Meer gibt hier so wenig her, daß der Stockfisch zum populärsten Fastengericht geworden ist.

Nun zählen aber die Genuesen und ihre Nachbarn zu den aufgewecktesten und unternehmungslustigsten Stäm-

men Italiens. Kein Wunder, daß sie aus dem Wenigen, das der steinige Boden und ihr fischarmes Meer hervorbringen, Köstlichkeiten zu machen verstehen, die ihre Küche unter den berühmtesten des Landes figurieren läßt.

Ein Beispiel für die raffinierte Aufbereitung wohlfeiler und stets griffbereiter Zutaten ist der **Bollito freddo alla genovese.**

Dazu braucht es 400 g kaltes Siedefleisch, 4 große Weißbrotscheiben, Weißwein, 1 Eßlöffel Kapern, 4 Sardellen, Olivenöl, Weinessig, Salz und Pfeffer.

21

Man beträufelt die Brotscheiben mit Weißwein und legt damit eine flache Schüssel aus. Auf jede Brotscheibe kommt eine Sardelle. Dann schneidet man das Siede-fleisch in ganz dünne Tranchen und belegt damit die Sar-dellenbrote. Aus den sehr fein gehackten Kapern, Oliven-öl, Essig und wenig Salz und Pfeffer bereitet man eine dünne Sauce, bedeckt damit das Fleisch und stellt es vor dem Auftragen eine Stunde kühl.

In Genua verwendet man für diese Vorspeise ganze, in Salz eingepökelte Sardellen; ist man auf Büchsenfische angewiesen, so belege man die Brote mit 3 bis 4 Sardellen-Filets.

Die Klassiker der genuesischen Küche heißen **pesto** und **salsa alla genovese** auf der einen und **ravioli di car-ne** und **di magro** auf der andern Hand.

Ravioli sind kleine, drei- oder viereckige Täschchen aus gewöhnlichem Nudelteig, die mit Fleisch, Fisch oder einem Gemisch aus Kräutern und Käse gefüllt sind. Das Rezept für Fleisch-Ravioli ist äußerst kompliziert, es ver-langt fünf verschiedene Fleischsorten und Kräuter, die bei uns unbekannt sind; auch lohnt sich der große Aufwand nur für eine zahlreiche Gästeschar. Einfacher herzustellen und ebenso delikat sind **Ravioli di magro.**

Man bereitet einen Nudelteig aus 200 g Weißmehl, ca. 70 g Wasser, einem Ei und wenig Salz, wallt ihn dünn aus und schneidet ihn in gleichschenklige Dreiecke, deren Tangente 10 cm mißt.

Für die Füllung braucht es 250 g gekochten Meerfisch, 75 g geriebenen Parmesan, 2 ganze Eier, viel Muskatnuß und wenig Salz.

Der Fisch wird in Salzwasser gargekocht, abgekühlt, zerpflückt und ganz fein gehackt. Man gibt ihn in eine Schüssel, vermengt ihn mit dem Parmesan und den Eiern, gibt Muskatnuß und Salz dazu, verteilt die Masse auf die Teigplätzchen, klappt diese zusammen und kocht sie in kräftiger Gemüse-Bouillon gar.

Und nun zu dem mit Recht berühmten **Pesto alla genovese.**

Er ist ein Mittelding zwischen einer Paste und einer Sauce. Mit **pesto** machen die Genuesen die besten Teigwarengerichte Italiens. Meiner Meinung nach wenigstens; denn ich habe mich nie mit dem üppigen Fleischbrei **alla bolognese** befreunden können, und was die Neapler Spaghetti-Sauce aus Tomaten und Knoblauch betrifft, so ist sie, verglichen mit dem **pesto,** ausgesprochen primitiv.

Für den **pesto** *braucht es zwei Dinge: einen Mörser und frisches Basilikumkraut. Der Mörser sollte aus Marmor sein, der Stößel aus Buchsbaumholz – ein anderer tut es auch. Über eine weitere Zutat, den* **pecorino sardo** *– Schafkäse aus Sardinien – lassen selbst die Genuesen mit sich reden; das heißt, man kann ihn durch einen andern, nicht zu scharfen Schafkäse ersetzen.*

Und so wird **pesto** *gemacht: In den Mörser kommen 36 Basilikumblättchen, eine Handvoll Pinienkerne, die man vorher leicht angeröstet hat, eine Knoblauchzehe und etwas grobes Salz. Man zerreibt alles mit dem Stößel gegen die Mörserwand, gibt nacheinander einen Eßlöffel geriebenen Schafkäse und ebensoviel geriebenen Parmesan dazu, gibt die Paste, wenn sie schön gleichmäßig geworden ist, in einen Napf und rührt mit dem Holzlöffel nach und nach ein Glas Olivenöl darunter. Nun gibt man die Teigwaren – am besten ganz breite Bandnudeln – mit einem Eßlöffel Öl ins kochende Salzwasser. Wenn sie* **al dente,** *das heißt fast gar sind, verlängert man den* **pesto** *mit einem Eßlöffel des Nudelwassers, gießt die Teigwaren ab und vermengt sie unverzüglich mit dem* **pesto.**

Salsa alla genovese. Sie dient als Beigabe zu **bollito misto,** zu Gesottenem aus Rindfleisch, Kalbszunge, Huhn und Kochwurst, und hat den Vorteil, aus lauter überall greifbaren Zutaten zu bestehen.

30 g Kapern, 30 g Pinienkerne, 2 Sardellen, 5 zerkleinerte Oliven, Petersilie, 1 in Essig eingeweichtes Brötchen, 1 Eigelb, 1/2 Knoblauchzehe, Salz und Pfeffer. Alles wird sehr fein gehackt und im Mörser zerstoßen; dann treibt man die Paste durch ein Sieb und vermengt sie gut mit einem Glas Olivenöl und dem Saft einer halben Zitrone.

Salsa al pistacchio. Zu gekochtem Meerfisch ißt man in Ligurien eine Pistazien-Sauce, die es an Feinheit mit dem **pesto** und der **salsa alla genovese** aufnehmen kann.

50 g ausgeschälte Pistazienkerne, 30 g Walnüsse, 2 Sardellenfilets, 8 Eßlöffel Olivenöl und 6 Eßlöffel Zitronensaft braucht es dazu.

Die Pistazienkerne, die Nüsse und die Sardellenfilets werden im Mörser zerstoßen und mit dem Öl, das man vorher mit dem Zitronensaft verquirlt hat, gut verrührt.

Nachgetragen sei, daß man in Ligurien die Teigwaren gern mit frischen Zuckererbsen oder mit grünen Bohnenkernen zusammen kocht. Das Gemüse wird ins siedende Salzwasser gegeben; zehn Minuten später gibt man die Teigwaren dazu und läßt weiter lebhaft wallen, bis diese **al dente** sind.

Panettone, dieses luftige, gugelhupfartige, nur leicht gesüßte Gebäck, das so gut zum Frühstückskaffee schmeckt, gilt allgemein als Mailänder Spezialität; doch gibt es auch eine Genueser Spielart, den **Panettone genovese.**

Dazu braucht es ein Pfund feinstes Weißmehl, 200 g Zucker, 150 g ganz frische Butter, 100 g Rosinen, 50 g

Zedrat, ebensoviel Pinienkerne, ein Glas Marsala, eine tüchtige Prise Salz, eine Zitrone und Backpulver.

Man verarbeitet Mehl, Zucker, Backpulver, Salz und die abgeriebene Schale der Zitrone in der Teigschüssel, gibt dann die in lauwarmem Wasser aufgeweichten und nachher gut abgetrockneten Rosinen, das grobgehackte Zedrat und die Pinienkerne hinzu und vermengt alles gut mit der Butter, die man vorher zum Schmelzpunkt gebracht hat. Nun schlägt man das Ei mit dem Marsala und zwei Eßlöffeln Zitronensaft und gibt das Gemisch dem Teig bei, den man noch einmal kräftig durchwalkt, indem man ihm nach und nach ein Glas lauwarme Milch beigibt. Dann formt man daraus einen runden, ziemlich hohen Fladen, den man mit einem Messer kreuzweise nicht zu tief einschneidet und eine halbe Stunde aufgehen läßt. Inzwischen heizt man den Backofen auf 200 Grad an und bäckt dann den **Panettone,** *den man in eine gebutterte Tortenform gelegt hat, während 45 Minuten.*

Kenner essen Panettone am liebsten lauwarm, doch schmeckt er auch kalt ausgezeichnet und hält sich, in Alufolie verpackt, während Tagen.

Lombardei. Die Lombardei, »des lieben Gottes Herzogtum«, bringt Getreide, Reis, Fleisch und Milch in Üppigkeit hervor, und dieser Überfluß spiegelt sich in der lombardischen Küche. Es ist eine ausgesprochene Butterküche, Hartkäse aus dem benachbarten Lodi oder aus Parma wird fast für jedes Gericht verwendet, Reis spielt eine beherrschende Rolle und das Fleisch liefern die Mastochsen und -kälber der von Mailand gegen Como sich hinziehenden Landschaft Brianza. Mit den lombardischen Weinen ist es nicht weit her; nur der Veltliner ist wegen seiner Bekömmlichkeit früh so berühmt geworden, daß ihn Herzog

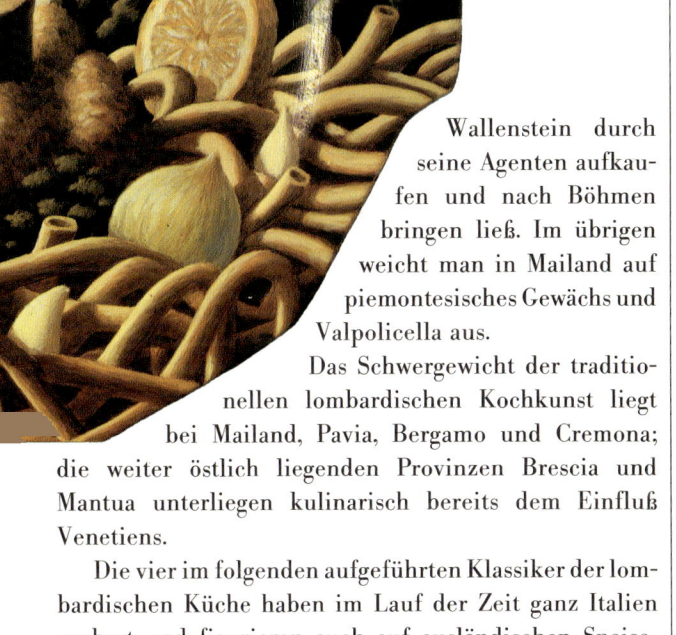

Wallenstein durch seine Agenten aufkaufen und nach Böhmen bringen ließ. Im übrigen weicht man in Mailand auf piemontesisches Gewächs und Valpolicella aus.

Das Schwergewicht der traditionellen lombardischen Kochkunst liegt bei Mailand, Pavia, Bergamo und Cremona; die weiter östlich liegenden Provinzen Brescia und Mantua unterliegen kulinarisch bereits dem Einfluß Venetiens.

Die vier im folgenden aufgeführten Klassiker der lombardischen Küche haben im Lauf der Zeit ganz Italien erobert und figurieren auch auf ausländischen Speisekarten; unverfälscht freilich genießt man sie nur in ihrer engeren Heimat. Wer sich einen Begriff von ihrer Güte machen will, muß sich genau an die Anleitungen halten und nur die besten und frischesten Zutaten verwenden.

Zuppa alla pavese. Das ist ein sehr altes Rezept, dessen Erfindung mit Franz I. und der Schlacht von Pavia 1525 in Zusammenhang gebracht wird. Und ein leicht zu praktizierendes obendrein.

Man bereitet eine kräftige Fleischbrühe, wärmt vier tiefe Suppenteller, legt in jeden zwei ziemlich dicke Brotscheiben, die mit wenig Butter so angeröstet wurden, daß sie außen knusprig und innen noch weich sind, schlägt vorsichtig zwei ganze Eier auf das Brot, bestreut diese mit je einem Eßlöffel geriebenem Parmesan, füllt mit kochender Fleischbrühe auf, und fertig ist eine der delikatesten Suppen Italiens.

Busecca oder Kuttelsuppe – im Volksmund **Büsêca** genannt – ist so nahrhaft, daß sie als Hauptgericht figurieren kann; und in der lombardischen Hauptstadt so beliebt, daß die Mailänder von ihren Landsleuten gern als »**busecconi**« gehänselt werden.

In Mailand werden dazu ausschließlich Kalbskutteln verwendet, von raffinierten Köchinnen sogar zwei verschiedene Arten; doch schmeckt **Busecca** auch mit Kutteln vom Rind, die man bei uns meist vorgekocht kauft, ausgezeichnet. Es braucht dazu

1 kg vorgekochte Kutteln, 6 Salbeiblätter (wichtig!), eine Zwiebel, 2 Karotten, 1 Selleriestange, 100 g Bauchspeck, 50 g Schinkenspeck, 50 g Parmesan, Salz, Pfeffer und Knoblauch nach Belieben.

Man röstet die feingehackten Gemüse mit dem zerkleinerten Bauchspeck an, gibt die in Streifen geschnittenen

Kutteln bei, dämpft alles während weiteren zehn Minuten, worauf man mit anderthalb bis zwei Liter Wasser auffüllt und die Suppe eine gute Stunde oder mehr köcheln läßt. Dann röstet man den gehackten Schinkenspeck leicht an und gibt ihn zusammen mit dem frischgeriebenen Parmesan in die Suppe, worauf man diese nochmals aufkochen läßt.

Dies das Grundrezept für **Busecca;** oft werden ihr auch separat gekochte **Borlotti**-Bohnen, eine große Kartoffel und eine mittlere Büchse Tomatenmark beigegeben. Stets aber ißt man die Suppe mit in Butter gerösteten Weißbrotschnitten, die ihr erst bei Tisch hinzugefügt werden.

Risotto alla milanese. Das Gelingen eines Mailänder Risottos steht und fällt mit der Güte der dazu verwendeten Fleischbrühe und der Zugabe von Rindermark. Auch die Qualität des Safrans spielt eine große Rolle. Die Mailänder begnügen sich nicht mit der handelsüblichen gemahlenen Sorte, sondern bevorzugen **zafferano in pistilli** – die ganzen Staubfäden der Pflanze also. Und als beste Fleischbrühe erachten sie jene, in der der **bollito misto** aus Huhn, Rind- und Kalbfleisch gekocht wurde.

Für vier Personen rechnet man 400 g Vialone-Reis, 100 g Butter, 75 g geriebenen Parmesan, 50 g Rindermark, etwa 1½ Liter Fleischbrühe, eine kleine Zwiebel, Safran und wenig Salz.

Der Safran wird in einer Tasse mit kochender Fleischbrühe übergossen und beiseite gestellt. Dann dämpft man auf kleinem Feuer die gehackte Zwiebel und das Rindermark in 50 g Butter während 10 bis 15 Minuten, ohne daß die Zwiebel Farbe annimmt, gibt den Reis dazu, läßt ihn ein paar Minuten anziehen, gießt eine Tasse kochend heiße Fleischbrühe bei, läßt aufquellen, und fährt auf diese Weise mit dem Beigeben der Brühe fort. Während dieser

Prozedur muß der Reis immer lebhaft kochen, muß die Brühe auf einer andern Flamme knapp unter dem Siedepunkt gehalten werden. Nach einer Viertelstunde gibt man den aufgelösten Safran bei, kocht vier bis fünf Minuten weiter, zieht den Topf vom Feuer, vermengt den Reis gut mit dem Rest der Butter und der Hälfte des Parmesans und trägt auf. Die andere Hälfte des Käses wird am Tisch auf den Reis gestreut.

Costoletta alla milanese. Die Erfindung dieses berühmten Gerichts wird von zwei Nationen beansprucht: Die Österreicher, die während anderthalb Jahrhunderten Mailand beherrschten, behaupten, es sei lediglich eine italienische Variante des Wiener Schnitzels; die Mailänder hingegen wollen Beweise dafür haben, daß das Rezept durch Generalfeldmarschall Radetzky nach Wien gelangte, wo es zum österreichischen Nationalgericht avancierte. Tatsache ist, daß man die **costoletta alla milanese** von Como bis Syrakus überall antrifft, aber nur in einigen wenigen Mailänder Restaurants mit wirklichem Genuß verzehrt.

Dabei ist ihre Zubereitungsart denkbar einfach:

Ein schönes Kalbskotelett von 1 bis 1^1/$_2$ cm Dicke wird mit dem Fleischhammer zart bearbeitet, leicht gesalzen, durch ein geschlagenes, ungewürztes Ei gezogen und dann in grober Brotkrume gewendet. Man drückt die Krume mit der flachen Hand leicht an, damit sie sich beim Braten nicht vom Fleisch löst, läßt reichlich frische Butter in der Pfanne schaumig werden und brät das Kotelett auf beiden Seiten je 2 bis 3 Minuten. Es soll hell-golden, aber ja nicht braun werden. Vor dem Auftragen salzt man leicht nach und garniert mit Zitronenvierteln. Das Geheimnis einer perfekten **costoletta alla milanese** *besteht in der Güte des dazu verwendeten Fleisches und der Gepflogenheit der*

Mailänder Köchinnen, die Krume jedesmal frisch aus Hartbrot zuzubereiten.

Der **costoletta** macht der **Ossobuco alla milanese** den Ruhm des vornehmsten lombardischen Fleischgerichts streitig. Die Kalbshaxe wird in Mailand nicht am Stück, sondern in Scheiben von etwa 250 g Gewicht verwendet. Das hier mitgeteilte Rezept ist das klassisch-einfachste und, meiner Meinung nach, das beste. Wer will, kann beim Anbraten des Fleisches eine kleine, gehackte Zwiebel beifügen; auch steht es frei, anstelle des Weißweins Fleischbrühe zu verwenden. Als Beigabe zu **ossobuco** sei Mailänder Risotto empfohlen; auch Kartoffelpüree oder Maccheroni passen gut dazu.

Für vier Kalbshaxen braucht es etwas Mehl, 50 g Butter, eine Handvoll Petersilie, 1 Rosmarinzweiglein, 5 Salbeiblätter, 1 Knoblauchzehe, die Schale einer halben Zitrone, Salz und Pfeffer.

In einer Deckelpfanne, auf deren Boden die vier Fleischstücke nebeneinander Platz haben, bringt man die Butter mit einer halben Knoblauchzehe zum Schmelzen. Wenn der Knoblauch Farbe anzunehmen beginnt, wird er herausgenommen. Man wendet die Haxen in Mehl und brät sie auf beiden Seiten gut an. Dann wird das Feuer klein gestellt, etwas Weißwein oder Fleischbrühe beigegeben und während zwei Stunden sanft geschmort, wobei man von Zeit zu Zeit etwas Wein oder Brühe nachgießt. Nun macht man einen Hack aus Petersilie, Rosmarin, Salbei, einer halben Knoblauchzehe und der Schale der halben Zitrone, streut ihn über das Fleisch, läßt noch 10 Minuten weiterschmoren, richtet die Haxen in einer Schüssel an und übergießt sie mit der Sauce.

Venetien. In Küchen- wie in Kunstdingen ist es unmöglich, diese oder jene Region Italiens über alle andern zu stellen; in beiden Bereichen aber gibt es unübertroffene Gipfelpunkte. Einer von ihnen heißt Venetien mit den kulinarischen Zentren Venedig, Padua, Vicenza und Treviso.

Die Küche Venetiens ruht auf drei Pfeilern: Reis, Mais und Bohnenkerne. Mit den letzteren wird ein wahrer Kult getrieben; da sie aber meist frisch verwendet werden und

in dieser Form bei
uns nicht erhältlich
sind, halte ich mich an den
Reis, der in venezianischen Re-
zepten mundartlich als **risi** und **risoto**
figuriert, und an den Mais, hier **polenta** genannt.

Während der Reis im Mailändischen meist anstelle der
Suppe und nur mit Zwiebeln, Safran und Rindermark gewürzt auf den Tisch kommt, kennt die Küche Venetiens eine Unzahl von Zubereitungsarten auf Fleisch-, Fisch- und
Gemüsebasis, die als erster Gang oder gar als Hauptgericht

gelten können. Die originellste ist wohl der **risoto nero**, der schwarze Reis, der seine makabre Färbung den dazu verwendeten Tintenfischen verdankt. An erster Stelle aber verdient ein Reisgericht genannt zu werden, das auch in die internationale Küche Eingang gefunden hat: **Risi e bisi.**

Dieser Zuckererbsenreis besitzt seinen Adelstitel: Alljährlich am St. Markustag wurde er dem Dogen mit Pomp als erster Gang aufgetragen.

Es braucht dazu 1 kg Zuckererbsen (in den Schoten gewogen), 200 g Vialone-Reis (oder ein anderer, typischer Risotto-Reis), 60 g Butter, 50 g Speckwürfel, 1 Büschel Petersilie, 1 kleine Zwiebel, 1,2 Liter Fleischbrühe, etwas Olivenöl, 3 Eßlöffel geriebenen Parmesan, Salz und Pfeffer.

In einen Deckeltopf gibt man 30 g Butter, die Speckwürfel und 2 bis 3 Eßlöffel Olivenöl, röstet darin die gehackte Petersilie und die feingeschnittene Zwiebel leicht an, gibt die ausgepellten Erbsen mit ganz wenig Fleischbrühe bei, deckt zu und dämpft eine Weile. Nun gießt man die kochende Fleischbrühe auf, bringt sie von neuem zum Sieden, schüttet den Reis dazu, rührt gut um und läßt eine Viertelstunde köcheln. Man salzt und pfeffert, fügt, falls die Erbsen nicht von der süßen Sorte sind, einen Teelöffel Zucker bei, zieht die restliche Butter und den geriebenen Parmesan unter, beläßt den Topf für weitere 5 Minuten auf dem Feuer und richtet an. **Risi e bisi** *sollen nicht trokken, sondern leicht suppig sein; die angegebene Menge Fleischbrühe muß darum gegebenenfalls überschritten werden.*

Da es bei uns frische Zuckererbsen nur während kurzer Zeit zu kaufen gibt, Fenchel hingegen das ganze Jahr über erhältlich ist, empfiehlt sich für die erbsenlose Zeit eine andere venezianische Spezialität: **Risi coi fenoci.**

Die Zutaten: 350 g Vialone-Reis, 250 g Fenchel, 60 g Butter, 1 Zwiebel, 1 Liter Fleischbrühe, 4 Eßlöffel geriebener Parmesan, wenig Salz.

Die Zwiebel wird in der Butter so lange geröstet, bis sie etwas Farbe angenommen hat. Man gibt den in feine Streifen geschnittenen Fenchel dazu, salzt leicht und läßt 10 Minuten ziehen. Nun wird der Reis dazugeschüttet und die kochende Fleischbrühe in kleinen Dosen und kurzen Abständen beigefügt. Wenn der Reis nach ungefähr 20 Minuten gar ist, vermengt man ihn mit dem geriebenen Parmesan. Auch dieses Gericht sollte dickflüssig auf den Tisch kommen.

Ein ausgesprochenes Hauptgericht ist der **Risoto alla padovana**.

Er heißt in seiner Herkunftsstadt Padua auch **risotto ricco** = reicher Reis; denn er bedingt die folgenden Zutaten:

400 g Vialone-Reis, 1/2 Zwiebel, 1/2 Karotte, 30 g Rindermark, 50 g Butter, 200 g Hühnerklein, 100 g geschnetzeltes Kalbfleisch, 1 Eßlöffel Tomatenmark, 30 g getrocknete Pilze, Salz und Pfeffer.

Zwiebel und Karotte, beide fein gehackt, werden in Butter und Rindermark leicht angeröstet; dann gibt man das geschnetzelte Fleisch und die eingeweichten, zerkleinerten Pilze sowie das in heißem Wasser aufgelöste Tomatenmark dazu, salzt und pfeffert und läßt zugedeckt eine Viertelstunde schmoren. Jetzt wird der Reis beigegeben, den man während zwanzig Minuten regelmäßig mit kochender Fleischbrühe begießt.

Polenta. In der östlichen Lombardei, in Venetien und in Friaul spielt der Mais – die **polenta** – eine ähnlich beherrschende Rolle, wie sie den Teigwaren im südlichen

Italien zukommt. Die **Polenta** wurde nur deshalb in andern Gegenden nicht sehr populär, weil ihre traditionelle Herstellungsart für die Köchin eine wahre Kraftprobe darstellt: Der zähe Brei muß dreißig, nach andern Autoren sogar fünfzig Minuten ohne Unterlaß gerührt werden. Sonst brennt er an. Nun gibt es aber seit einiger Zeit vorbehandelten Maisgrieß, der in wenigen Minuten tischfertig ist. Ich habe ihn ausprobiert und kann bezeugen, daß er der »echten« **polenta** fast ebenbürtig ist. Nichts hindert uns deshalb daran, die beiden Favoriten der Küche Venetiens zu genießen: **fegato alla veneziana** und **bacalà alla visentina**; denn beide verlangen kategorisch nach **polenta** als Zugabe.

Fegato alla veneziana

Dazu braucht es 600 g geschnetzelte Kalbsleber, 500 g Zwiebeln, 50 g Butter und ebensoviel Olivenöl, eine Handvoll gehackte Petersilie, ein Glas Fleischbrühe und Salz.

In einer Deckelpfanne läßt man auf schwachem Feuer die Butter im Öl schmelzen, gibt die fein geschnittenen Zwiebeln und die Petersilie dazu, vermengt alles gut, deckt zu und dämpft – immer auf kleinem Feuer – 50 Minuten. Nun stellt man die Flamme groß, gibt die Leber mit der Fleischbrühe bei und brät sie unter öfterem Umrühren während knapp 5 Minuten durch. Der Topf wird vom Feuer gezogen, man salzt, vermengt alles gut und trägt auf.

Bacalà alla visentina

Zutaten: 500 g Stockfisch (getrocknet gewogen), 5 dl Olivenöl, 250 g Zwiebeln, 1 Knoblauchzehe, 2 Sardellen, 1 Büschel Petersilie, 1/4 Liter Milch, Salz und Pfeffer, geriebener Parmesan und Weißmehl.

Der Stockfisch wird 48 Stunden gewässert und in fingergroße Stücke zerpflückt. Man hackt die Zwiebel und die Petersilie und dämpft sie mit dem Knoblauch in der

Hälfte des Öls. Nun werden die Stockfischstücke in einem Gemisch aus Mehl und Parmesan gewendet, zu den Zwiebeln gegeben, mit den zerkleinerten Sardellen bestreut, mit der Milch und dem restlichen Öl übergossen und auf schwachem Feuer zwei Stunden geschmort, wobei man den Fisch von Zeit zu Zeit mit einem Holzspachtel vorsichtig vom Pfannenboden löst.

P.S. Für den Venezianer ist **Polenta e osei** – gebratene Singvögel mit **Polenta** – der höchste aller Genüsse; dem tierliebenden Ausländer graust davor. Nun sind aber neuerdings gezüchtete Wachteln auf dem Markt, und mit ihnen läßt sich ein für Venetien typisches Gericht zubereiten, das man sich ohne Gewissensbisse zu Gemüte führen kann: **Quaglie alla bellunese e polenta.**

Die pfannenfertigen Wachteln werden leicht gesalzen und gepfeffert und zuerst in ein Rebenblatt, dann in eine Speckscheibe gewickelt und mit Faden zu einem kleinen Paket verschnürt; dann brät man sie mit Salbeiblättern etwa eine Viertelstunde in Butter, gibt sie auf eine heiße Platte, löst den Bratenfond mit zwei Gläsern Cognac, läßt die Sauce auf lebhaftem Feuer zur Hälfte einkochen, gießt sie über die Wachteln und serviert mit Polenta.

Südtirol/Alto Adige. Nirgends vermählt sich nördliches mit südlichem Gelände so harmonisch wie in Südtirol, und auch kulinarisch spielen die beiden Elemente dort ineinander. Denn wenn die Südtiroler Küche in ihrer Grundstruktur alpenländisch und der bayerisch-österreichischen nah verwandt ist, so meldet sich in ihr das Wel-

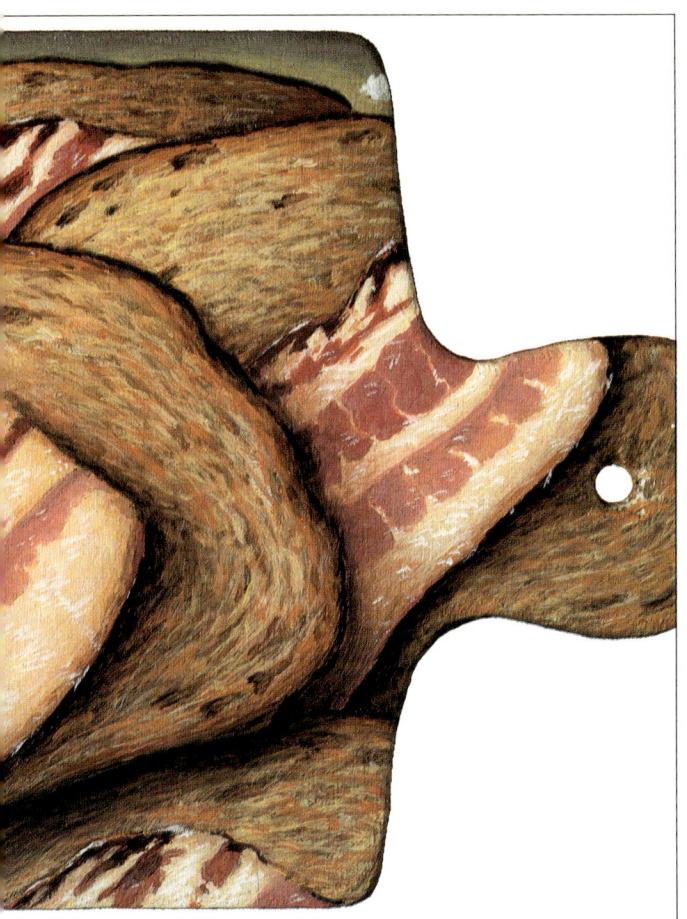

sche doch mit Macht. Kastanien und Weintrauben, Mais –
hier Plenten genannt – und Reis spielen eine große Rolle,
Zucchini, Peperoni und Fenchel sind keine Importware,
Parmesan und Pinienkerne gerngebrauchte Ingredienzen,
und zum Würzen dienen Basilikum und Origano. Ander-
seits klingen Erinnerungen an die Donaumonarchie nach

mit Krenfleisch und Saftgulasch, Palatschinken und Zwetschgenknödeln.

Die Südtiroler Küche ist bäurisch-einfach, doch hat sie auch ihre Feinheiten. Ausgeklügelte Zubereitungsarten für Spielhahn, Reb- und Haselhuhn zum Beispiel oder die Essenz aus grünen Nüssen, die Saucen und Wildgerichten den letzten Schliff gibt; sie wird aus unreifen Walnüssen und einem halben Dutzend Gewürzen hergestellt.

Daß man südlich des Brennerpasses einen betonten Hang zu Üppigkeit bekundet, sei nicht verschwiegen. Er äußert sich in der Vorliebe für Schmalzgebackenes und für Rahmsauce, in welch letzterer man unter anderem auch Nudeln und Sauerkraut schwimmen läßt, oder in der Gepflogenheit, Gulasch mit Heidensterz aufzutischen, was eine mit gerösteten Speckwürfeln übergossene Polenta aus Buchweizenmehl ist.

Speck spielt überhaupt eine beherrschende Rolle. Glasig gebraten, mit etwas Essig aufgekocht und über frisch gehobeltes, leicht gesalzenes Kraut gegeben, mundet er als Specksalat, im Südtiroler Gulasch ist er präsent, im gebratenen Spielhahn und in mehr als einer Knödelart. Dabei handelt es sich nicht um gewöhnlichen, sondern eben um Tiroler Speck, eine Delikatesse, die mit nichts anderem verglichen werden kann, und die ihre Besonderheit einer raffinierten Schweinemast und der nur hier gepflogenen Art des Räucherns und Lufttrocknens verdankt. Der Tiroler Speck ist mager und hocharomatisch, hat Ähnlichkeit mit gewissen italienischen und spanischen Rohschinken und wird zu Roggenbrot und einem Glas Küchelberger oder Kalterer als Zwischenmahlzeit genossen. Die Südtiroler scheinen ihren Speck dem Eigenbedarf vorzubehalten – wenigstens begegnete ich ihm nie im Ausland. So bleibt denn nichts anderes übrig, als ihn an Ort und

Stelle zu kosten. Aber Hand aufs Herz: Er ist eine Reise wert!

Auch in der klassischen **Speckknödelsuppe** spielt er die erste Geige. Wer sie sich außerhalb ihres Ursprungslandes zu Gemüt führen will, nimmt anstelle von Tiroler Speck einen sehr mageren Speck oder Rohschinken. Hier Zutaten und Rezept:

100 g Tiroler Speck, 150 g altbackenes Weißbrot, 70 g Mehl, 50 g Salami, 3 Eier, Petersilie, 1/8 l Milch, etwas Muskatnuß und Salz, 1 1/2 l gute Fleischbrühe, Schnittlauch.

Die Eier werden mit der Milch verquirlt, dann schneidet man das Brot in kleine Würfel und gibt es mit dem ebenfalls kleingewürfelten Speck und Salami, dem Mehl und der gehackten Petersilie dazu. (Nach Belieben kann auch eine kleine, gehackte, in fetten Speckwürfeln gedünstete Zwiebel beigefügt werden.) Alles wird tüchtig vermengt. Man formt kleine Kugeln aus der Masse und kocht diese in Salzwasser 15 bis 20 Minuten. Dann gibt man die Knödel in heiße Fleischbrühe und bestreut mit gehacktem Schnittlauch.

Unter den in Öl ausgebackenen Gerichten verdienen die **Hirnpovesen** an erster Stelle genannt zu werden. Sie sind als warmes Hors d'œuvre gedacht, können aber, von Salat oder Tatar-Sauce begleitet, auch als Hauptgericht figurieren; dann allerdings empfiehlt es sich, die Quantitäten etwas zu erhöhen. Hirnpovesen als Vorgericht benötigen:

200 g Kalbshirn, 1 kleine, feingehackte Zwiebel, 8 dünne, altbackene Weißbrotschnitten, 2 Eigelb, Salz und Pfeffer. Für den Ausbackteig: Milch, 1 ganzes Ei, Salz.

Das Kalbshirn wird enthäutet, von Blutgerinnseln befreit, pochiert und fein gehackt. Dann dämpft man die zerkleinerte Zwiebel in Butter, gibt das Hirn dazu, salzt und pfeffert, bindet mit einem Eigelb und nimmt die Pfanne vom Feuer. Nun werden vier Weißbrotschnitten mit der Masse bestrichen und mit den restlichen vier bedeckt. Aus Milch, Mehl, einem zerquirlten Ei und einer Prise Salz rührt man einen nicht zu dünnen Teig an, wendet die Povesen darin, bäckt sie in heißem Öl goldgelb und überstreut sie mit gehackter Petersilie.

Die Kalbshaxe, im Südtirol **Kalbsstelze** genannt, kommt hier oft nach Mailänder Art, das heißt in Scheiben geschnitten, in Weißwein geschmort und von Risotto begleitet auf den Tisch. Ursprünglicher ist die am Stück gebratene Haxe. Dazu braucht es:

1 Kalbshaxe von 1,2 kg Gewicht, 60 g Butter, 1 Glas Weißwein, 1 Zweiglein Rosmarin, Knoblauch, Salz und Pfeffer.

Man spickt die Haxe mit Knoblauchsplittern und Rosmarinnadeln, brät sie in Butter ringsum goldbraun an, salzt und pfeffert sie, gibt sie in eine Bratpfanne und brät sie bei mittlerer Hitze (180 Grad) in der Ofenröhre gar. Als »bürgerlich« wird die Stelze bezeichnet, wenn sie mit einem separat und in Speckwürfeln gedünsteten Gemisch aus Blumenkohl, zarten Karotten und Pilzen serviert wird.

Versoffene Kapuziner sind eine der populärsten Südtiroler Mehlspeisen. Ihre Zutaten:

8 mitteldicke, altbackene Weißbrotscheiben, 2–3 Eier, Öl zum Ausbacken, Zwetschgen- oder Aprikosenkonfitüre, Streuzucker, Schokoladepulver. Für die Weinsauce: 1/4 l Rotwein, 100 g Zucker, 1 Zimtstengel, 2 Gewürznelken, Zitronenschale.

Die Weißbrotscheiben werden in die zerquirlten Eier getaucht und in schwimmendem Öl ausgebacken. Man legt sie auf saugfähiges Papier und läßt sie gut abtropfen. Vier Schnitten werden dünn mit Konfitüre bestrichen, mit den restlichen vier zugedeckt, mit reichlich Zucker und Schokoladepulver bestreut und in eine vorgewärmte, nicht zu flache Schüssel angerichtet. Nun wird der Wein mit Zucker, Zimt, Gewürznelken und Zitronenschale bis knapp unter den Siedepunkt erhitzt und durch ein Sieb auf die Kapuziner gegossen, worauf diese heiß aufgetragen werden.

Kalorienärmer, weil in Salzwasser gekocht, ist ein anderer südtiroler Nachtisch: **Topfenknödel.**

60 g Butter werden mit ebensoviel Zucker und einem Eidotter schaumig gerührt; dann zieht man das geschlagene Eiweiß darunter, würzt mit einer Prise Salz und etwas abgeriebener Zitronenschale, vermengt alles mit 50 g Mehl, ebensoviel Topfen (Quark), einem Achtelliter Sauerrahm und einer eingeweichten, zerpflückten Semmel, formt Knödel aus der Masse und läßt diese in Salzwasser eine Viertelstunde leise kochen. Nach dem Anrichten werden die Topfenknödel mit in Butter gerösteten Bröseln übergossen und mit Zwetschgenkompott aufgetragen.

Friaul. Als Buben sangen wir ein Landsknechtslied, in welchem mich besonders die Verse »Wir kamen nach Friaul/Da hatten wir allesamt voll Maul« beeindruckten. Ich stellte mir die Landschaft Friaul als eine Art Schlaraffenland vor, wo einem die gebratenen Tauben nur so ins Maul fliegen. Später kam auch ich nach Friaul und mußte

meine Vorstellung vom nordöstlichsten Zipfel Italiens
gründlich revidieren. Zwar »voll Maul« erhielt ich überall
zwischen Udine, Venzone und Aquileja, aber es war eine
schwere, gewissermaßen archaische Kost, und ich wurde
den Eindruck nicht los, daß die friaulanische Küche von
jenen Langobarden abstammen müsse, von deren Herr-

schaft in Cividale und anderswo so erstaunliche Denkmäler zeugen.

Der Wahrheit näher dürfte allerdings die Vermutung sein, daß die Jahrhunderte währende Herrschaft der Venezianer und Österreicher und die südslawische Nachbarschaft das kulinarische Bild Friauls bestimmt haben. Es wird gekennzeichnet durch die Vorliebe für Schweinernes und Sauerkraut – hier **crauti** genannt –, den Gebrauch von Mohnsamen, vor allem aber durch die Kombination von Fleisch oder Fisch mit süßen Ingredienzen wie Zedrat, Sultaninen, Rosinen, Dörrpflaumen oder ganz einfach Zucker.

Dieser Hang geht so weit, daß man oft nicht weiß, ob ein Gericht den Fleisch- oder den Süßspeisen zugerechnet werden soll. Da gibt es zum Beispiel eine Spezialität, die **mulze** heißt und zu deren Herstellung es zu gleichen Teilen Sultaninen, Pinienkerne und Zucker braucht. Diese drei süßen Dinge werden zusammen mit frischem, stark gewürztem Schweineblut, das im Wasserbad leicht gestockt wurde, vermischt und in Därme abgefüllt. Diese Würstchen grillt man in der Pfanne oder auf dem Rost und serviert sie als Nachspeise. Oder man kocht eine Mischung aus Zedrat, Pinienkernen, Rosinen, Zimtpulver und Zucker, begießt alles mit jener fetten, scharfen Brühe, die beim Kochen der **cotechino** genannten Wurst entsteht, und genießt diese Komposition ebenfalls zum Nachtisch.

Ich gehe nicht weiter auf diese Seltsamkeiten ein; eine friulanische Spezialität aber, die man nicht genug empfehlen kann, heißt **Baccalà alla friulana.**

Dazu braucht es: 700 g gewässerten Stockfisch, 50 g Butter, 50 g Olivenöl, Brotkrume, Weißmehl, 2 Lorbeerblätter, 2 Zwiebeln, 8 Sardellenfilets, Rosinen, Pinienker-

ne, 1/2 Zimtstengel, Muskatnuß, 1 Prise Zucker, Salz und Pfeffer.

Der gut gewässerte Stockfisch wird von Hand zerpflückt und mit Mehl bestäubt. Dann brät man ihn mit den gehackten Zwiebeln auf sanftem Feuer an, bis er leicht Farbe angenommen hat. Die kleingeschnittenen Sardellen, die Pinienkerne, Lorbeerblätter, Rosinen werden beigegeben und alles mit Salz, Pfeffer, etwas Muskatnuß und einer Prise Zucker gewürzt. (Die Quantitäten der Pinienkerne und der Rosinen sind dem Gutdünken der Köchin anheimgestellt, doch sollen diese Ingredienzen beim fertigen Gericht deutlich mitsprechen.) Nun füllt man mit Fleischbrühe auf, bestreut mit Brotkrume und läßt zugedeckt so lange köcheln, bis die Flüssigkeit fast ganz verdampft ist. Dann deckt man ab und stellt den Topf bei leichter Oberhitze so lange in die Ofenröhre, bis das Gericht eine leichte Goldfarbe angenommen hat. Der Stockfisch darf dabei nicht austrocknen; nötigenfalls muß er von Zeit zu Zeit mit etwas Fleischbrühe besprengt werden.

Zu den Köstlichkeiten der norditalienischen Küche gehört der Schmorbraten. Er figuriert auf den Speisekarten meist als **manzo stufato**, trägt aber auch andere Namen. Seine Zubereitung ist überall fast dieselbe, und überall läßt man ihm eine Schmorzeit von rund drei Stunden angedeihen. Da vom **stufato** bis dahin noch nie die Rede war, sei das Rezept für die friulanische Spielart angeführt; sie heißt **Pastizzada de manso** und benötigt:

1 kg Rindslende, 50 g Spickspeck, 30 g Butter, 1 Büschel Salbei und 2–3 Rosmarinzweiglein, 1 Selleriestengel, 1 Karotte, eine Handvoll Petersilienhack, Olivenöl, 1 Glas Weißwein, Salz und Pfeffer.

Das gespickte Fleisch wird mit Bindfaden zu einem Paket gebunden, wobei man reichlich Salbeiblätter mitverschnürt. Dann brät man es mit den zerkleinerten Gemüsen und einigen Speckwürfeln in wenig Butter und Olivenöl ringsum an. Der Braten wird in eine Kasserolle gelegt, gesalzen und gepfeffert und mit dem Wein übergossen. Sobald dieser verdampft ist, füllt man mit soviel Wasser auf, daß das Fleisch knapp bedeckt ist, und schmort während drei Stunden ohne zuzudecken auf dem Feuer oder im Ofen. Dann gibt man den **stufato** in eine vorgewärmte Platte, schneidet ihn in Scheiben und seiht die Sauce darüber.

Am besten schmeckt den Friulanern die **pastizzada** mit Maisbrei – wie denn überhaupt die Polenta das A und O ihrer Küche ist, und, von Schweinernem, Wurst, Speck und Schinken begleitet, oft als Hauptgericht auf dem Speisezettel figuriert. Eine besondere Delikatesse ist die mit Grieben und Speckwürfeln zubereitete **polenta alla contadina** – aber wer siedet heute noch Schweineschmalz aus, wer weiß, wie gut Grieben schmecken? Überall herstellbar hingegen ist die **Polenta concia**.

Dazu braucht es nur: 500 g Maisgrieß, 80 g Butter, reichlich geriebenen Käse, etwas Milch und Salz.

Man kocht einen dickflüssigen Maisbrei, gibt davon eine Lage in eine Suppenschüssel, bestreut reichlich mit geriebenem Käse, sprengt etwas Milch darüber und beträufelt mit einigen Löffeln geschmolzener Butter. Darauf kommt wieder eine Lage Mais, die gleichermaßen behandelt wird. Und so fort, bis die Polenta aufgebraucht ist.

Eine Nachspeise, deren Name die Herkunft aus dem benachbarten Istrien verrät, die aber auch in Friaul populär ist, heißt **Fritole istriane**.

Die Zutaten: 500 g Weißmehl, 200 g Zucker, 1/8 l trockener Weißwein, 1 dl Maraschino, je eine Prise Nelken-,

Muskatnuß- und Zimtpulver, die abgeriebene Schale einer Zitrone, Hefe und Öl zum Ausbacken.

Der Wein wird in einer Kasserolle heiß gemacht und vom Feuer genommen. Nun gibt man unter ständigem Rühren das Mehl, 120 g Zucker (den Rest braucht man zum Überzuckern der **fritole***), den Maraschino, die Hefe, eine Prise Salz, die erwähnten Gewürze und die Zitronenschale bei. Alles wird zu einer gleichmäßigen Masse verrührt. Will diese zu trocken werden, gibt man noch ein wenig Wein bei. Man läßt mindestens zwei Stunden ruhen, sticht dann mit einem Löffel pflaumengroße Stücke aus und bäckt diese in schwimmendem Öl aus. Die* **fritole** *werden so heiß wie möglich aufgetragen.*

P.S. Für die Spielart **Fritole della Venezia Giulia** wird an Stelle von Maraschino Rum verwendet und der Teig statt mit Weißwein mit Milch angerührt. Auch schreibt dieses Rezept nur 100 g Zucker, dafür aber drei Eier vor. Im übrigen verfährt man wie bei den **Fritole istriane**.

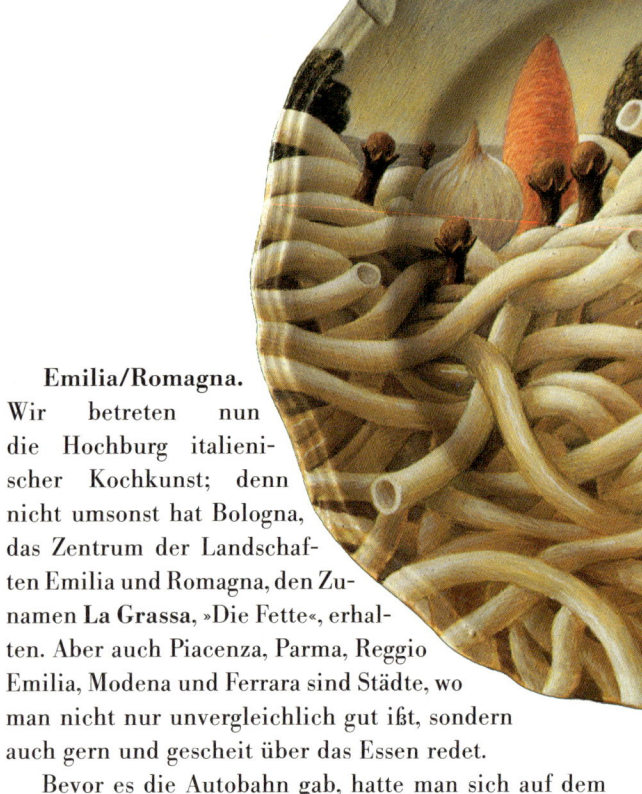

Emilia/Romagna.
Wir betreten nun
die Hochburg italieni-
scher Kochkunst; denn
nicht umsonst hat Bologna,
das Zentrum der Landschaften Emilia und Romagna, den Zu-
namen **La Grassa**, »Die Fette«, erhalten. Aber auch Piacenza, Parma, Reggio
Emilia, Modena und Ferrara sind Städte, wo
man nicht nur unvergleichlich gut ißt, sondern
auch gern und gescheit über das Essen redet.

Bevor es die Autobahn gab, hatte man sich auf dem
Weg nach Florenz durch den Verkehr der Via Emilia zu
quälen, wurde für diese Unbill aber königlich entschädigt
durch die Einkehr in einer der Trattorien, die an dieser
antiken Straße aufgereiht sind wie Perlen an der Schnur.

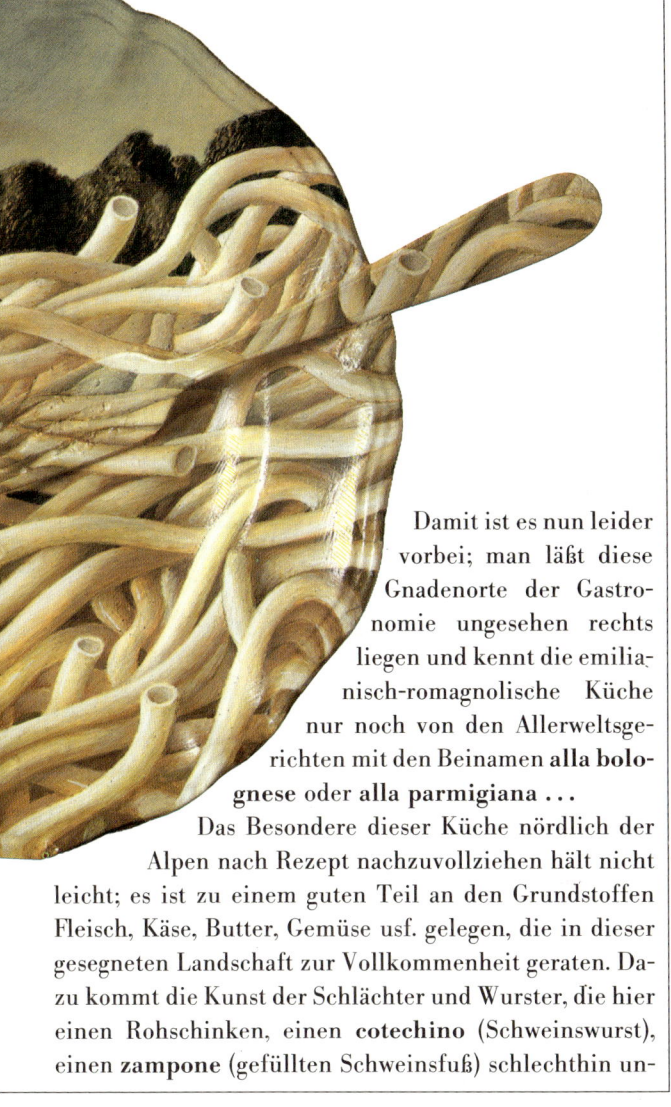

Damit ist es nun leider
vorbei; man läßt diese
Gnadenorte der Gastro-
nomie ungesehen rechts
liegen und kennt die emilia-
nisch-romagnolische Küche
nur noch von den Allerweltsge-
richten mit den Beinamen **alla bolognese** oder **alla parmigiana** ...
Das Besondere dieser Küche nördlich der
Alpen nach Rezept nachzuvollziehen hält nicht
leicht; es ist zu einem guten Teil an den Grundstoffen
Fleisch, Käse, Butter, Gemüse usf. gelegen, die in dieser
gesegneten Landschaft zur Vollkommenheit geraten. Dazu kommt die Kunst der Schlächter und Wurster, die hier
einen Rohschinken, einen **cotechino** (Schweinswurst),
einen **zampone** (gefüllten Schweinsfuß) schlechthin un-

übertrefflich herzustellen wissen. Unnachahmlich aber sind auch die Handfertigkeit und die Geduld der Köchinnen dieser Gegend, denen wir – um nur zwei Beispiele zu nennen – die **cappelletti** und den **stracotto all' emiliana** verdanken. Denn der **stracotto**, die hiesige Spielart des Schmorbratens, köchelt nicht weniger als sechs Stunden im Ofen, und die **cappelletti** (mit Fleisch oder einem Gemisch aus Quark und Käse gefüllte Teigtäschchen) erfordern soviel Geschicklichkeit, daß der, der ihrer Zubereitung beigewohnt hat, alle Hoffnung fahren läßt, es den Emilianerinnen je gleichzutun.

Ich will aber nicht so grausam sein, der Leserin nur den Mund wäßrig zu machen, ihr vielmehr ein paar einfache, überall nachvollziehbare Rezepte verraten; mit dem Hinweis allerdings, nur die besten Ingredienzen zu verwenden und die Kochzeiten genau einzuhalten. Auch sei daran erinnert, daß frisch geriebener Parmesan etwas anderes ist als die in Beutel abgefüllte, pasteurisierte Handelsware.

Maccheroni alla bolognese.

Zutaten: 400 g Maccheroni, 100 g Rindfleisch, 50 g Speck, 50 g Butter, 1 kleine Zwiebel, 1 Karotte, $^1/_2$ Selleriestengel, 2 Gewürznelken, 1 Glas Weißwein, etwas Mehl und Fleischbrühe, 2 Geflügellebern, Parmesan, Salz und Pfeffer.

Fleisch, Speck, Zwiebel, Karotte und Selleriestengel werden feingehackt und in heißer Butter gedämpft. Man fügt zwei Gewürznelken bei, salzt, pfeffert und dämpft weiter, überstäubt dann mit einem Eßlöffel Mehl, löscht mit einem Glas Weißwein ab und läßt eine halbe Stunde auf kleinstem Feuer köcheln. Inzwischen gibt man die Maccheroni in viel sprudelndes Salzwasser, dem man einen Eßlöffel Öl zugefügt hat.

Zurück zur Sauce: Die Geflügellebern werden fein ge-

schnitten und erst jetzt beigegeben. *Wenn die Maccheroni* **al dente** *gekocht sind, gießt man sie ab, vermengt sie in einer vorgewärmten Schüssel mit der Sauce und reibt reichlich Parmesan darüber.*

Diese Maccheroni-Sauce ist eine Miniaturfassung des berühmten **ragù alla bolognese**, der zu den Ruhmestiteln der italienischen Küche gehört, außerhalb seiner engeren Heimat aber meist recht lieblos zubereitet wird. Er ist ein Mittelding zwischen Sauce und Fleischgericht und deshalb geeignet, die als Vorspeise gedachten Teigwaren zu einem Hauptgang zu machen.

Ragù alla bolognese.

Zutaten: 150 g Schweine- oder Kalbfleisch, 150 g Rindfleisch, 100 g Speck, 60 g Butter, 1 Karotte, 1 Zwiebel, 1 Selleriestengel, 1/2 Glas Rotwein, Tomatenmark, Fleischbrühe, Fleischextrakt, Milch, Salz und Pfeffer.

Wie bei der Maccheroni-Sauce werden Fleisch, Speck, Zwiebel und Gemüse, alles fein gehackt, in Butter gedünstet, mit Wein und etwas Fleischbrühe, in der man einen Kaffeelöffel Fleischextrakt aufgelöst hat, abgelöscht und so lange weitergedünstet, bis alle Flüssigkeit verdampft ist. Nun fügt man einen Eßlöffel Tomatenmark dazu, salzt, pfeffert und gießt soviel siedende Milch auf, daß der **ragù** *damit knapp bedeckt ist. Man deckt zu und köchelt so lange weiter, bis die Milch gänzlich aufgesogen ist.*

Einfacher, aber nicht weniger delikat, ist eine nach Bologneser Art zubereitete Tomaten-Sauce: **Sugo di pomodoro alla bolognese.**

Wenn sie ihrem Namen Ehre machen soll, darf man allerdings kein Ingredienz auslassen und muß die Kochvorschrift genau befolgen:

In einem Topf – am besten eignet sich ein Kochge-

schirr aus Gußeisen – werden auf mäßigem Feuer 60 g gehackter Schinkenspeck mit einem Eßlöffel Olivenöl erhitzt. Darin röstet man eine feingeschnittene Knoblauchzehe leicht an, gibt einen Eßlöffel Petersilie und ebensoviel Majoran dazu, desgleichen eine Zwiebel, eine Karotte, ein Stück Sellerieknolle und ein Dutzend in Wasser eingeweichte und nachher gut ausgedrückte, getrocknete Pilze – alles fein gehackt. Man schmeckt mit Pfeffer und einer Gewürznelke ab, schmort alles, bis es Farbe anzunehmen beginnt, löscht mit einem Glas trockenem Weißwein ab und schmort weiter, bis dieser verdampft ist. Nun gibt man ein Kilo geschälte und zerkleinerte Tomaten dazu, salzt, setzt den Deckel auf und läßt eine Stunde leise köcheln, indem man von Zeit zu Zeit ein wenig Wasser zufügt. Wenn die Tomaten-Sauce gar ist, treibt man sie durch ein Sieb.

Da wir auf unserm italienischen Küchenspaziergang dem Huhn bisher noch nicht begegnet sind, sei hier eine Bologneser Zubereitungsart dieses sympathischen Geflügels vermerkt: **Pollo alla cacciatora.**

Zutaten: 1 fleischiges Huhn, 200 g Tomaten, 100 g Speckwürfel, 1 große Zwiebel, 1 Glas Marsala, Olivenöl, Salz und Pfeffer.

Das Huhn wird in zwölf Stücke zerkleinert. In zwei Löffel Olivenöl brät man die feingeschnittene Zwiebel goldbraun, nimmt sie heraus und gibt sie auf einen Teller. Im selben Topf röstet man die Speckwürfel an, gibt die Hühnerstücke dazu und brät zehn Minuten weiter. Erst jetzt kommen die beiseitegestellten Zwiebeln, zusammen mit den geschälten und zerkleinerten Tomaten, wieder dazu. Man salzt, pfeffert, setzt den Deckel auf und läßt auf kleinstem Feuer eine halbe Stunde weiterschmoren. Sollten die Tomaten zuwenig Flüssigkeit abgeben, gießt man von Zeit zu Zeit etwas Fleischbrühe zu. Hat man frische Salbeiblätter zur Hand, so tragen diese viel zum Wohlgeschmack dieses einfachen und delikaten Gerichts bei.

Zu guter Letzt sei verraten, wie man in Parma mit den Auberginen oder Eierfrüchten verfährt: **Melanzane alla parmigiana.**

Zutaten: 4 Auberginen, 80 g Rohschinken, 4 Tomaten, 1 Zwiebel, Butter, Olivenöl, Salz und Pfeffer.

Die Auberginen werden gehäutet, der Länge nach durchgeschnitten, in viel Salzwasser abgekocht und auf ein Tuch zum Trocknen gelegt. Nun wird die feingeschnittene Zwiebel in wenig Butter und Öl angeröstet, der in Würfelchen zerkleinerte Rohschinken und die geschälten und grobgehackten Tomaten, desgleichen die abgekochten, gescheibelten Auberginen dazugegeben und alles auf kleinstem Feuer eine Stunde geschmort.

Toskana. Wer Namen wie Florenz, Siena, Pisa, Lucca, Arezzo nennen hört, denkt an Kunst und nicht ans Essen. Dabei ist die toskanische Küche wenn nicht die üppigste, so doch die traditionsreichste Italiens und dank einer Fürstenheirat auch die Mutter der französischen Kochkunst. Denn als Caterina de Medici den Herzog von Orléans und

späteren König Heinrich II. von Frankreich 1533 heiratete, zog sie mit einer ganzen Schar Köche und Zuckerbäcker nach Paris und begründete dort das, was man heute unter der **haute cuisine** versteht. In der Toskana selbst machte man diese extreme Verfeinerung allerdings nicht mit, sondern blieb einer schlichten Auffassung in Essensdingen treu, die in hohem Grade derjenigen der vielgepriesenen **nouvelle cuisine** gleicht. Sie kommt vor allem durch die Vorliebe für gegrilltes und am Spieß gebratenes Fleisch und die ungekünstelte Zubereitung der Gemüse zum Ausdruck.

Noch heute erinnere ich mich an mein erstes Nachtmahl in Florenz vor mehr als vierzig Jahren. Es kann als Musterbeispiel für toskanische Eßkunst gelten und begann mit jenem bleistiftdünnen, grünen Wildspargel, der, nur kurz abgekocht, mit Olivenöl und ein paar Tropfen Essig angemacht wird. Als erster Gang folgte ein **cibreo di regaglie**, ein delikates Ragoût aus Hahnenkämmen und -lebern. Das Hauptgericht bestand aus einer **bistecca alla fiorentina**, einem für zwei Personen berechneten, gegrillten Fleischstück, das von Blattspinat begleitet war. Und den Beschluß machten Walderdbeeren aus Vallombrosa.

Die toskanischen Grilladen beziehen ihren Wohlgeschmack in erster Linie aus den aromatischen und harzreichen Hölzern, die unter Rost und Spieß glimmen; ein weiterer, entscheidender Faktor ist das Olivenöl, mit dessen feinabgestimmten Nuancen die Toskaner einen wahren Kult treiben. Wir können da nicht mithalten, doch gibt es Rezepte genug, die – sorgfältig ausgeführt – einen gültigen Begriff der toskanischen Küche geben.

Als Auftakt eines Mahls schlage ich einen **risotto alla toscana** vor. Er stellt eine willkommene Abwechslung zur Mailänder Spielart dieser Vorspeise dar.

Dazu braucht es: 350 g Reis, 70 g Butter, 50 g Hackfleisch, 1 Hühnerleber, 1 Glas Chianti, Olivenöl, Tomatenmark, 1 Zwiebel, 1 Karotte, 1 Selleriestengel, Fleischbrühe, geriebenen Parmesan, Salz und Pfeffer.

In 40 g Butter und zwei Löffeln Olivenöl wird die Hälf-

te der Zwiebel, die Karotte und der Selleriestengel, alles ganz fein gehackt, angedünstet. Dann gibt man das Hackfleisch, die zerkleinerte Hühnerleber, einen Löffel Fleischbrühe, aufgelöstes Tomatenmark, Salz und Pfeffer dazu und dünstet alles gar, indem man von Zeit zu Zeit etwas Chianti dazugießt. In einem zweiten Topf läßt man in der restlichen Butter die andere Hälfte der Zwiebel leicht Farbe annehmen, gibt den Reis dazu, röstet ihn, bis er glasig geworden ist, und gießt ihn mit heißer Fleischbrühe auf. Nachdem der Reis 15 Minuten gekocht hat, mischt man die Hälfte der Fleisch-Gemüse-Sauce darunter und beläßt ihn noch 5 Minuten auf dem Feuer. Man richtet an, gibt den Rest der Sauce über den Reis und bestreut reichlich mit frischgeriebenem Parmesan.

Die vielenorts verachteten Kutteln stehen in Florenz hoch in Ehren, ja die **Trippa alla fiorentina** gilt neben der **bistecca** und der **arista** – einem mit Rosmarin gewürzten, am Spieß gebratenen Schweinerücken – als die Krone der Florentiner Kochkunst. Hier das Rezept:

Zutaten: 1 kg vorgekochte Kutteln, 2 Löffel Tomatenmark, 1 dl Olivenöl, 100 g Butter, 1 Selleriestengel, 1 Karotte, 1 Zwiebel, Knoblauch, frisches oder gedörrtes Basilikum, geriebener Parmesan, 1 Glas Weißwein, 1/2 l Fleischbrühe, Salz und Pfeffer.

Die Kutteln werden in feine Streifen geschnitten. Dann hackt man den Selleriestengel, die Karotte, die Zwiebel und einige Basilikumblätter, dämpft alles mit einer unzerkleinerten Knoblauchzehe in 20 g Butter und 1 dl Olivenöl und löscht mit einem Glas Weißwein ab. Wenn dieser verdampft ist, gibt man die Kutteln dazu sowie das in Fleischbrühe aufgelöste Tomatenmark und zwei Eßlöffel geriebenen Parmesan. Alles wird gut vermischt und zugedeckt eine Viertelstunde gedämpft, indem man gelegentlich etwas

Fleischbrühe zugießt. Nun füllt man das Kuttelgericht in vier feuerfeste Töpfchen, bestreut es mit Butterflocken und geriebenem Parmesan und überbäckt es bei schwacher Oberhitze während zehn Minuten.

Lamm und Hammel spielen in der florentinischen Küche eine große Rolle; ihr Fleisch wird entweder am Spieß oder auf dem Rost gebraten, noch öfter aber in einer Tomaten-Sauce mit verschiedenen Gemüsen geschmort. So auch **Agnello con piselli alla toscana.**

Zutaten: 1 kg Lammkeule oder -schulter, 500 g Tomaten, 500 g Zuckererbsen (ausgepellt gewogen), Olivenöl, Knoblauch, Rosmarin, Salz und Pfeffer.

Das Lammfleisch wird mit Salz und Pfeffer eingerieben und mit gespaltenen Knoblauchzehen und Rosmarinzweiglein gespickt. Dann brät man es in einer Kasserolle auf lebhaftem Feuer goldbraun an, gibt die geschälten, zerkleinerten und durch ein Sieb getriebenen Tomaten bei, deckt zu und läßt bei kleinem Feuer eine Stunde köcheln. Inzwischen hat man die ausgepellten Zuckererbsen in leicht gesalzenem Wasser während zehn Minuten gekocht. Man gießt sie ab und mischt sie unter die Tomaten-Sauce, setzt den Deckel wieder auf und läßt noch zehn Minuten weiterschmoren.

An Stelle der Zuckererbsen kann man auch separat gekochte, gedörrte Bohnenkerne beigeben; das Gericht heißt dann **Agnello con fagioli alla toscana.**

Ein nicht am Spieß oder auf dem Rost, sondern im Ofen gebratenes Stück Fleisch heißt in der Toskana seltsamerweise **arrosto morto**, also »toter Braten«. Und eine vorzügliche Art, Schweinsschnitzel zuzubereiten, nennt man dort »betrunkenes Schwein« oder **Maiale ubriaco.**

Dazu benötigt man: 4 Schweinsschnitzel vom Hals, 1 Handvoll Petersilienhack, 1 zerkleinerte Knoblauchzehe, 1

Glas Chianti, 1 Prise Fenchel- (oder Dill-)samen, Salz und Pfeffer.

Die Schweinsschnitzel werden gesalzen, gepfeffert, mit dem Petersilienhack, dem Knoblauch und dem Fenchelsamen bestreut und bei schwacher Hitze im eigenen Fett beidseitig goldbraun gebraten. Dann gibt man den Chianti dazu, setzt den Deckel auf und brät – immer auf schwachem Feuer – so lange weiter, bis der Wein verdampft ist.

Als Nachtisch ziehen die Florentiner Käse und Früchte komplizierten Süßspeisen vor. Wen es nach Gezuckertem gelüstet, halte sich an das Backwerk, das meist nicht aus Florenz, sondern aus den umliegenden Städten stammt. Aus Siena der berühmte **panforte**, in welchem sich ganze Mandeln, kandierte Früchte und scharfe Gewürze zusammenfinden; aus Pisa die **bocca di dama**, eine Torte, in der Mandeln und Zitronenschale den Ton angeben; aus Lucca der nach Anis duftende **buccellato**; aus Prato der **filone candito**, ein mit kandierten Früchten und Mandeln hergestelltes Blätterteiggebäck, das mit Schlagsahne genossen wird. Alle diese Köstlichkeiten werden nach Rezepten zubereitet, die sich aus dem 14. und 15. Jahrhundert herleiten; da sie meist lange haltbar sind, eignen sie sich als ideales Mitbringsel von einer Reise durch die Toskana.

Umbrien. Von allen meinen italienischen Freunden sind die Umbrier die erklärtesten Feinschmecker. Nicht, daß sie auf komplizierte und aufwendige Gerichte erpicht oder gar verfressen wären, aber sie besitzen ein erstaunlich fein ausgebildetes Gefühl in Essensdingen. Sie sind imstande, eine Viertelstunde weit zu laufen, weil in einer bestimmten Bar die Kaffeemischung um eine Spur raffinierter ist als anderswo; sie können über den Geschmack des für einen Salat verwendeten Essigs oder Olivenöls in Ekstase geraten; und von Norcia, einem kleinen Flecken im umbrischen Hochland, sprechen sie wie von einem Wallfahrts-

ort. Denn von dort stammen die feinsten schwarzen Trüffeln, die zartesten Lammkeulen, der delikateste Schinken, der kräftigste Schafkäse und die sukkulentesten Würste Umbriens.

Die schwarzen Trüffeln, für die auch Spoleto, Foligno, Assisi, Terni und andere Orte berühmt sind, bekommt der Reisende selten zu Gesicht, weil sie meist im Winter gegraben und verzehrt werden. Am besten schmecken sie in nasses Packpapier eingewickelt in Asche unter Glut gebraten, doch treten sie auch als Zutat zu vielen umbrischen Gerichten in Erscheinung: bei den **uova intartufate** genannten, mit Trüffelscheiben verfeinerten Spiegeleiern, bei der mit Sardellen, Knoblauch und Olivenöl angemachten Trüffel-Sauce oder **salsa di tartufi** usf.

Was den umbrischen Schinken betrifft, so stammt er von kleinen, schwarzen und vor allem mageren Schweinen, die sich fast ausschließlich von Eicheln und Kastanien ernähren. Er ist beinahe fettlos, stark gesalzen und hocharomatisch. Man ißt ihn roh in ziemlich dicke Scheiben geschnitten und braucht ihn als Zutat für viele umbrische Spezialitäten.

Der Stolz Umbriens ist die **porchetta**, das mit Innereien und wildem Fenchel gefüllte, am Spieß gebratene Schwein. Für eine **porchetta** gibt man Tieren von 40 bis 50 Kilogramm Gewicht den Vorzug; denn das Fleisch des Spanferkels wird als zu fade erachtet. Wer durch Umbrien reist, kann damit rechnen, mit der **porchetta** Bekanntschaft zu machen: Jeder Namenstag der Ortsheiligen, jede Kirchweih, ja ein simpler Wochenmarkt ergibt den Anlaß dazu. Das außen knusprige und innen saftige Fleisch und die köstliche Füllung werden nach Gewicht verkauft und meist stante pede aus dem Pergamentpapier von Hand verzehrt.

Zu den populärsten und weit über die Region hinausgedrungenen umbrischen Spezialitäten zählen die **Spaghetti alla carbonara.**

Das Originalrezept schreibt dafür lediglich Speckwürfel, Eier und geriebenen Schafkäse vor. Während die Spaghetti al dente *gekocht werden, läßt man reichlich Speckwürfel im eigenen Fett ausbraten und zerquirlt in einem Schüsselchen pro Person ein Ei und einen gehäuften Eßlöffel geriebenen Schafkäse. Wenn die Spaghetti gar sind, gießt man sie ab, gibt sie in eine gut vorgewärmte Schüssel, vermengt sie mit der Eier-Käse-Mischung und* hebt dann die Speckwürfel samt ihrem Fett darunter. Beim Abgießen der Teigwaren muß darauf geachtet werden, daß etwas vom Kochwasser zurückbleibt; sonst wird das Gericht zu trocken. Wer sich diesen Kunstgriff nicht zutraut, gibt den Eiern und dem Käse drei, vier Eßlöffel Sahne oder Milch bei.

Eine aus Spoleto kommende Variante dieses Gerichts sind die **Spaghetti alla spoletana.**

Dazu braucht es: 400 g Spaghetti, 300 g Tomaten, 200 g Speckwürfel, Olivenöl, 1 Zwiebel, Majoran, Schafkäse und Salz.

In einem Pfännchen wird die sehr fein geschnittene Zwiebel in Olivenöl angedünstet. Man gibt die Speckwürfel dazu und dünstet unter ständigem Rühren weiter. Wenn der Speck glasig geworden ist, werden die geschälten und zerkleinerten Tomaten und der Majoran beigegeben, worauf man auf kleinstem Feuer köcheln läßt. Nun kocht man die Spaghetti **al dente,** *gießt sie ab, vermengt sie mit der Sauce und reibt reichlich Schafkäse darüber.*

Typisch für die fast puritanische Einfachheit der umbrischen Küche ist eine Tomatenvorspeise mit dem Namen **Pomodori all'umbra.**

Dafür benötigt man: 4 große, nicht zu weiche Tomaten, 1 Handvoll Petersilienhack, Olivenöl, Knoblauch, 4 gestrichene Eßlöffel Brotbrösel, 2 Eier, Salz und Pfeffer.

Die Tomaten werden quer durchgeschnitten, von den Kernen und dem sie umgebenden Fruchtfleisch befreit und eine Stunde zum Trocknen auf ein Tuch gelegt. Dann vermengt man in einer Schüssel die Brotbrösel mit dem Petersilienhack, den Eiern, einer feingehackten Knoblauchzehe, drei Löffeln Olivenöl, Salz und Pfeffer, vermischt alles tüchtig und füllt die Masse in die Tomatenhälften. Diese werden auf dem Rost oder in einer flachen, gefette-

ten, feuerfesten Schüssel bei mittlerer Hitze im Ofen gebraten.

Zu Umbrien gehört auch Orvieto, und diese Stadt hat sich in der Gastronomie durch die **costoletta del curato** einen Namen gemacht. Darunter versteht man ein in Olivenöl gebackenes Kalbskotelett, das mit einer kalten Kräuter-Sauce bestrichen wird. Jeder Wirt im Orvietano hat sein Geheimrezept für die Zusammensetzung dieses Gemisches, dessen Jahresbedarf im Monat Mai hergestellt wird, weil dann die dazu benötigten achtzehn Küchen- und Wildkräuter greifbar sind. Einfacher ist das Rezept für eine andere, in der Hauptstadt Umbriens beheimatete Spezialität mit dem Namen **Scaloppine alla perugiana**.

Dazu benötigt man: 8 Scheiben Schweinsfilet à 50 bis 60 g, 50 g Rohschinken, 30 g Olivenöl, 2 bis 3 Sardellenfilets, 1 Hühnerleber, 2 Eßlöffel Kapern, 1/2 Zitrone, Salbeiblätter, Salz und Pfeffer.

Die Sardellenfilets, der Rohschinken, die Hühnerleber, die Kapern, die Salbeiblätter und eine Knoblauchzehe werden sehr fein gehackt und auf dem Boden einer Bratpfanne verteilt. Man gießt das Olivenöl darüber, gibt den Saft und die abgeriebene Schale einer halben Zitrone dazu und brät darin die leicht gesalzenen und gepfefferten Filetscheiben beidseitig während einer Viertelstunde auf mittlerem Feuer.

Umbrien ist reich an Haar- und Federwild; die Jagdbeute wird dort oft begleitet von einer aromatisch-kräftigen Wildpret-Sauce mit dem Namen **Salsa ghiotta**.

Dazu braucht es 50 g Rohschinken, ein Viertel Rot- und ein Viertel Weißwein, eine halbe Zitrone (geschält), 1 dl Olivenöl, 1 dl Weinessig, 2 Hühnerlebern, 1 Rosmarinzweiglein, 6 Wacholderbeeren, 3 Salbeiblätter, 3 Knoblauchzehen, Salz und Pfeffer.

Nachdem man alle Ingredienzen sehr fein gehackt hat, setzt man die beiden Weinsorten aufs Feuer, gibt zuerst den Schinken und die Gewürze dazu, dann das Öl und den Essig und zuletzt die Hühnerlebern. Die Sauce muß solange köcheln, bis sie um die Hälfte eingedampft ist. Man serviert sie heiß zu jeder Art gebratenem Wildpret.

Und hier ein umbrisches Rezept für Zwiebelfreunde: **Manzo con cipolla.**

Es benötigt lediglich ein Kilo mageres Rindfleisch, ein Kilo mittelgroße Zwiebeln und ein Glas Olivenöl.

Man schält die Zwiebeln, läßt sie ganz, schneidet sie aber oben und unten kreuzweise ein. Dann legt man damit eine Kasserolle ringsum aus, gießt ein Glas Olivenöl und ebensoviel Wasser dazu, setzt den Deckel auf und gibt das Kochgut für eine Viertelstunde auf ein mäßig starkes Feuer.

Inzwischen brät man das mit Salz und Pfeffer eingeriebene Fleisch auf allen Seiten gut an und gibt es dann zu den Zwiebeln.

Nun wird auf kleinstem Feuer geschmort. Von Zeit zu Zeit stochert man mit einem hölzernen Kochlöffel in den Zwiebeln, die allmählich zu Mus werden.

Wenn das Fleisch gar ist, nimmt man es heraus, schneidet es in Scheiben, ordnet diese dachziegelartig auf einer vorgewärmten Platte, treibt das Zwiebelmus durch ein Sieb und gibt es über das Fleisch.

Dieses Gericht wird in Umbrien stets von Kartoffelpüree begleitet.

Die Marken. Die Marken, eingekeilt zwischen Romagna, Umbrien und die Abruzzen, sind den wenigsten Italienfahrern ein Begriff. Dabei findet sich dort die vollkommenste aller Kunststädte, das durch die Namen Piero della Francesca und Raffael geadelte Urbino.

Ich hatte einmal für Tage in Urbino zu tun und war im

»besten Haus am Platze« abgestiegen. Das wollte indessen nicht viel besagen; denn der Komfort, den das Gasthaus zu bieten hatte, war bescheiden. Seine Küche aber konnte sich sehen lassen. Da es schon später Herbst war, war ich der einzige Gast und stand mit der Wirtin bald auf so gutem Fuß, daß ich in ihre Kochtöpfe gucken durfte.

Eines Vormittags, kurz vor dem Mittagessen, sah ich ihr zu, wie sie mit ihrer Tochter gefüllte, in Öl gebackene Oliven, **Olive ripiene**, zubereitete.

Die Mutter hatte eine Schüssel mit Oliven vor sich stehen, die groß und prall wie kleine Pflaumen waren. Mit einem Messerchen stach sie den Stein der bräunlich-grünen Ölfrüchte so geschickt heraus, daß das Fleisch unverletzt blieb. Die Tochter stand am Hackstock und zerkleinerte mageres Kalb- und Schweinefleisch – von jedem eine Bouillontasse voll – sowie eine Hühnerbrust und briet alles in halb Butter, halb Öl leicht an. Sie trieb es zusammen mit einer Scheibe Rohschinken, einigen Salamirondellen und einer kleinen, schwarzen Trüffel durch das feinste Sieb des Fleischwolfes, gab Pfeffer, Salz und Muskatnuß, etwas geriebene Zitronenschale und eine kleine Handvoll gehackte Petersilie dazu und verrührte alles gut mit zwei Eiern, etwas geriebenem Parmesan und einem Löffel Tomatenmark zu einer geschmeidigen Paste. Dann setzte sie sich neben die Mutter und half ihr beim Entsteinen der Oliven. Nachdem sie deren hundert ausgehöhlt hatten, füllten sie die Paste mit dem platten Ende eines Löffelstiels in die Oliven, wälzten diese zuerst in Mehl, dann in zerquirltem Ei und schließlich in Brotbröseln. Öl wurde zum Sieden gebracht, die Oliven darin kurz frittiert und mit der Schaumkelle auf Fließpapier zum Abtropfen ausgelegt. Worauf mir bedeutet wurde, mich gleich zu Tisch zu setzen, um das Gericht noch heiß zu genießen.

Meine Wirtin teilte die für die Küche der Marken charakteristische Vorliebe für Füllungen oder Farcen. Die Wachteln erhielten bei ihr diese Behandlung, das Spanferkel, die Tauben und das Kaninchen. Hier das Rezept für **Coniglio farcito.**

Dazu braucht es ein Kaninchen, das so ausgenommen wur-
de, daß es mit wenigen Stichen wieder zugenäht werden
kann. Außerdem: 150 g Speckwürfel, Herz und Leber des
Kaninchens, 50 g geriebenen Parmesan, 200 g Brotbrö-
sel, zwei Eier, 1 Sträußchen Petersilie, 2 Knoblauchzehen,
je eine Prise Muskatnuß und Zimt, die abgeriebene Schale
einer Zitrone, Olivenöl, Salz und Pfeffer.

Herz, Leber, Speck und das Grünzeug werden sehr fein
gehackt. In einer Schüssel vermengt man alles mit den
Eiern, der Zitronenschale, dem Käse, den Gewürzen, salzt
und pfeffert und gibt so viel Olivenöl dazu, daß ein ziem-
lich fester Teig entsteht. Mit dieser Füllung stopft man das
Kaninchen, näht es zu und brät es im Ofen oder in der
Pfanne.

Auch das berühmteste Gericht der Marken, ein Gratin
mit dem Namen **Vincisgrassi**, gehört zur Familie der Füllungen und Farcen. Die Bezeichnung Vincisgrassi soll eine
Verballhornung von Windisch-Graetz sein und an den
Eroberer der Marken zur Zeit Napoleons erinnern. Es besteht aus handgroßen Nudelflecken, die lagenweise mit einem Hack aus Rohschinken, Geflügelinnereien, Kalbsmil-
ken und Trüffeln geschichtet, mit einer Béchamel-Sauce
übergossen und im Ofen gebacken werden. Das vollstän-
dige Rezept für Vincisgrassi ist indessen so aufwendig,
daß ich es vorziehe, an seiner Stelle das simple, aber
sehr zu empfehlende für **Stracciatella alla pesarese** mit-
zuteilen.

Stracciatella heißt bei uns Einlaufsuppe und besteht
zur Hauptsache aus zerklopften Eiern und Fleischbrühe.
Während nördlich der Alpen die siedendheiße Brühe aber
einfach über das Eiergemisch gegossen wird, verfährt man
in Italien umgekehrt. Dabei gibt es drei namhafte **Strac-
ciatella-Rezepte: alla romana, alla pesarese** und die

emilianische Variante, die den schönen Namen **Minestra del Paradiso** trägt.

Sie unterscheiden sich genau besehen nur dadurch, daß man in den Marken und in der Emilia außer Eiern und geriebenem Käse auch Brotbrösel verwendet und daß als Gewürz in Pesaro statt Muskatnuß Zitronenschale beigegeben wird. Außerdem lassen die Römerinnen die Suppe ganze fünf Minuten kochen, während man sich in den beiden andern Regionen mit nur einer Minute begnügt. Aber gekocht wird die **Stracciatella** überall, und das unterscheidet sie von unserer Einlaufsuppe. Hier das Rezept für die in den Marken übliche Variante:

Als Zutaten dienen 4 Eier, eine halbe Zitrone, 4 Eßlöffel geriebener Parmesan, 2 Eßlöffel Brotbrösel, 1 gehäufter Kaffeelöffel Mehl, 1¹/₂ l gute Fleischbrühe, 1 Prise Salz.

In einer Schüssel werden die leicht gesalzenen Eier gut verrührt; dazu gibt man den Käse, die Brösel, das Mehl und die abgeriebene Zitronenschale und vermengt alles gut. Wenn die Fleischbrühe kocht, fügt man ihr das Gemisch unter ständigem Rühren mit dem Schneebesen bei, stellt das Feuer klein, läßt noch eine Minute leise kochen und trägt auf.

Pesaro, der Herkunftsort dieser **Stracciatella**, ist berühmt für seine Küche. Dort wurde auch Gioacchino Rossini geboren, der als noch nicht Vierzigjähriger das Opernkomponieren an den Nagel hängte, um sich noch einmal so lange der Kochkunst zu widmen. Die von ihm erfundenen Gerichte basieren fast durchwegs auf Trüffeln und Gänseleber. Die letztere wird er in Paris kennen und lieben gelernt haben, Trüffeln hingegen waren ihm von Kind an vertraut. Denn die Marken bringen diesen unvergleichlichen Knollenpilz gleich in vier verschiedenen Sorten und in solcher Menge hervor, daß fast die Hälfte der gesamten

Trüffelernte Italiens – über 200 von 500 Zentnern – allein auf dem Markt von Acqualagna umgesetzt wird. Ein Grund mehr, um diese selten besuchte Region in die nächste Italienreise einzuplanen!

Aber nicht nur Trüffeln, auch Morcheln beschert eine gütige Natur den Bewohnern der Marken. Und Morcheln findet man auch bei uns – wenn auch immer seltener. Darum dürfte das Rezept für **Spugnole marinate alla marchigiana,** marinierte Morcheln nach Art der Marken, nicht fehl am Platz sein. Es läßt sich übrigens auch für andere fleischige Wildpilze verwenden.

Zutaten: 500 g Morcheln, 3 Knoblauchzehen, 1 Glas trockener Weißwein, 1 Lorbeerblatt, 1 Rosmarinzweiglein, 2 Gewürznelken, der Saft einer Zitrone, ein halbes Glas Olivenöl, 4 ganze Pfefferkörner, Salz.

Man erhitzt das Öl in einem Topf und gibt die Pilze, den Knoblauch, Rosmarin und Gewürznelken, die Pfefferkörner und etwas Salz bei, röstet alles während einigen Minuten und gießt dann den Wein dazu. Wenn die Hälfte der Flüssigkeit verdampft ist, stellt man die Flamme klein, fügt den Zitronensaft bei, setzt den Deckel auf und läßt eine Viertelstunde schmoren. Dann gibt man die Pilze in ein irdenes Gefäß und bewahrt sie im Kühlschrank auf, bis sie als delikate Vorspeise auf den Tisch kommen.

Latium. Wer in Rom gut essen will, tut gut, sich das Wort **abbacchio** zu merken. Es leitet sich vom Verb **abbacchiare** her, was soviel besagen will wie »mit einem Knüppel totschlagen«. Diese Behandlung aber ließ man in alten Zeiten den 20 bis 30 Tage alten Lämmern zukom-

men. Deshalb heißt das Lamm in Rom nicht **agnello**, sondern **abbacchio**.

Es kommt meist **al forno**, im Ofen gebraten und stark mit Rosmarin gewürzt, auf den Tisch. Da sein Wohlgeschmack in erster Linie durch das besondere Aroma des römischen Lammfleisches bedingt wird, erübrigt sich eine Rezeptmitteilung gleichermaßen wie bei einer andern römischen Spezialität, den **carciofi alla giudia**, den jüdischen Artischocken. Dazu braucht es junge Artischocken von solcher Zartheit, daß sie, in Öl frittiert, mit Stumpf und Stiel verzehrt werden können; und diese sucht man auf unsern Märkten umsonst.

Der römische Schafkäse – **pecorino romano** – hingegen wird neuerdings auch bei uns angeboten, und nichts könnte einer Schüssel Teigwaren mehr römischen Charakter verleihen als er. Am vollsten entfaltet er sein etwas wildes Aroma in den **Spaghetti alla gricia**.

Als Basis dienen 400 g Spaghetti, die **al dente**, *also nicht ganz weich gekocht werden. Während sie auf dem Feuer stehen, brät man 100 g fette Speckwürfel, gibt diese über die abgetropften Spaghetti, vermengt gut und reibt viel – sehr viel! –* **pecorino romano** *darüber.*

Ein weiteres Merkmal der römischen Küche ist die freizügige Verwendung von Küchenkräutern. Rosmarin, Salbei, Lorbeer, Basilikum stehen da an erster Stelle, zusammen mit dem Sellerie. Von letzterem wird allerdings nicht die Knolle, sondern nur der fleischige Blattstiel gebraucht; man schneidet ihn in 3–5 cm lange Stücke und gibt ihn den meisten Braten und Ragoûts bei.

Viele Ruhmestitel der römischen Küche stammen aus den umliegenden Regionen der Landschaft Latium. So etwa die ursprünglich in Viterbo beheimateten **Fettucine alla burina**.

Dazu braucht es 400 g breite Nudeln, die aber auch durch Spaghetti ersetzt werden können, 200 g Zuckererbsen, 100 g Rohschinken in kleinen Würfeln, 100 g Steinpilze oder Zucht-Champignons, 2 dl Sahne, Butter, Salz und Pfeffer.

Die Schinkenwürfel und die Pilze werden in Butter 10–15 Minuten gedämpft, dann gibt man die in Salzwasser abgekochten (oder aus der Büchse genommenen) Zuckererbsen und den Rahm dazu, läßt kurz aufkochen und gibt diese Sauce über die **al dente** *gekochten Teigwaren.*

Eine in Rom beliebte Vorspeise, die aber auch als leichtes Hauptgericht gelten kann, sind gefüllte Pfefferschoten, **Peperoni ripieni**.

Die Zutaten: 4 große, fleischige Pfefferschoten, 100 g Büchsenthon, 3 altbackene Brötchen, 12 schwarze Oliven, Olivenöl, Salz und Pfeffer.

Die Brötchen werden in wenig Wasser eingeweicht, ausgepreßt, zerpflückt, mit dem zerkleinerten Thon und den entsteinten, kleingeschnittenen Oliven in eine Schüssel gegeben. Man salzt, pfeffert, gibt 2–3 Löffel Olivenöl dazu, vermengt alles tüchtig und füllt damit die Pfefferschoten, gibt diese in ein gebuttertes, feuerfestes Geschirr und gratiniert im mittelheißen Ofen während einer Dreiviertelstunde.

Eines der wenigen römischen Gerichte, die auch im übrigen Italien und sogar im Ausland zu Ehren gekommen sind, heißt **Saltimbocca alla romana**.

Ihre Zubereitung ist ganz einfach, verlangt aber frische Salbeiblätter und eine so geräumige Bratpfanne, daß darin alle acht Schnitzel nebeneinander Platz haben.

Außer acht Salbeiblättern braucht es dazu 8 gutgeklopfte Kalbsschnitzel von je 70 g Gewicht, 4 Rohschinkenscheiben à 25 g, 50 g Butter, 1 Glas trockenen Weißwein und etwas Salz.

Auf die gesalzenen Schnitzel heftet man mit einem Zahnstocher je eine halbe Schinkenscheibe und ein Salbeiblatt, brät sie auf beiden Seiten rasch an, gibt den Wein dazu, brät noch einige Minuten weiter und gibt die Saltim-

bocca auf eine heiße Platte. Der Bratenfonds wird mit wenig Wasser gelöst; man läßt ihn aufkochen und gibt ihn über die Schnitzel. In Rom werden **Saltimbocca** *mit Kartoffelbrei oder mit einem in Butter gedämpften Gemüse serviert: Broccoli, Zuckererbsen, Blattspinat usf.*

Wer es ganz römisch haben will, schmort das Fleisch süß-sauer, **in agrodolce.** Für diese Zubereitungsart, die an die Rezepte der römischen Kaiserzeit erinnert, braucht es ein wenig Mut; denn außer Knoblauch, Essig und Gewürz verlangt sie auch Schokolade, kandierte Orangenschale und gedörrte Früchte. Aber der Versuch lohnt sich.

In agrodolce werden hauptsächlich Hase, Wildschweinkeule, Ochsenschwanz und Zunge zubereitet. Hier das Rezept für Zunge oder **Lingua in agrodolce.**

Das Gericht benötigt nicht weniger als fünfzehn, indessen leicht zu beschaffende Zutaten:

1 kg Rinds- oder Kalbszunge, 100 g fette Speckwürfel, 1 Zwiebel, 2 Knoblauchzehen, 1 fleischiger Selleriestengel, 1 Petersiliensträußchen, 2 Lorbeerblätter, 20 g bittere Schokolade, 50 g Pinienkerne, 50 g kandierte Orangenschale, 50 g Rosinen, 100 g getrocknete Pflaumen, 1 Löffel Essig, 2¹/₂ dl trockener Weißwein, 1 Löffel Zucker.

Die Zunge wird wie üblich in einem Sud gekocht, der mit gehackten Zwiebeln und Karotten, Gewürznelken und Pfefferkörnern aufgesetzt wurde. Wenn die Zunge halb gar ist, das heißt dem Stich mit der Stricknadel noch widersteht, schneidet man sie in fingerdicke Scheiben und stellt diese beiseite. In einer Kasserolle brät man die Speckwürfel an, gibt die gehackte Zwiebel und den Knoblauch dazu und dünstet während zehn Minuten.

Nun werden alle trockenen Zutaten beigegeben, man verrührt gut und streut die zerbröckelte Schokolade dar-

über. Sobald diese geschmolzen ist, löscht man mit dem Wein und dem Essig ab, gibt die Zungenscheiben dazu, setzt den Deckel auf und dämpft das Gericht auf kleinstem Feuer während einer schwachen Stunde.

P.S. Wer immer sich mit der römischen Küche befaßt, wundert sich über die Vielfalt der Gewürze, die dort – im Gegensatz zum übrigen Italien – gang und gäbe sind.

An erster Stelle stehen da die **odori**, das heißt die Küchenkräuter, denen man in fast jedem Rezept begegnet: Basilikum, Salbei, Rosmarin, Majoran, Sellerie, Knoblauch, Lorbeerblatt, Petersilie und die beiden Minzenarten **menta romana** und **mentuccia**. Dazu kommen die Exoten Pfeffer, Muskatnuß, Gewürznelken, Zimt und der aus Amerika stammende, jetzt aber auch in Italien heimische **peperoncino picante**, den wir im nächsten Kapitel des näheren kennenlernen.

Aber auch getrocknete Pilze und Sardellen, Oliven und Spirituosen wie Marsala und Cognac hat die Römerin zu Würzzwecken stets zur Hand.

Das Auffallendste aber ist nicht nur die Anzahl der ständig gebrauchten Gewürze, sondern vor allem die Art und Weise ihrer Verwendung. So begegnen wir der Sardelle als Beigabe zu Teigwaren, Reis, Lammfleisch und Salaten, die Minze tritt in Artischocken- und Kuttelgerichten in Erscheinung, und Zimt wird nicht nur für Nachspeisen, sondern auch für **Gnocchi di latte**, eine mit Käse zubereitete Art Kartoffelklößchen, gebraucht.

Die Abruzzen. Die Abruzzen sind keine arme, aber eine karge Hügel- und Gebirgslandschaft. Außer Schafen und Ziegen werden dort vor allem Schweine gezüchtet, weshalb Schweineschmalz und Speck in der abruzzesischen Küche oft an die Stelle von Olivenöl und Butter treten.

Ein anderes kulinarisches Charakteristikum der Abruzzen ist der **peperoncino**, eine hochrote, nur etwa fingerlange und -dicke, höllisch scharfe Pfefferschote, die im südlichen Teil der Region **diavulillu** heißt. Wer **all'-abruzzese** kochen will, kommt nicht um sie herum. Man trifft den **peperoncino** neuerdings auch auf unsern Märkten; wo er nicht erhältlich ist, kann er durch eine Prise Cayenne-Pfeffer ersetzt werden.

Die abruzzesische Küche zeichnet sich aus durch große Einfachheit, die aber stets mit letzter Verfeinerung gepaart ist. **Agnello alla brigante**, Räuberlamm, besteht nur aus kleinen Lammkoteletten, die gesalzen und gepfeffert und dann im eigenen Fett in einer dickwandigen Eisenpfanne über starkem Feuer gebraten werden. Ihr besonderes Aroma erhalten sie dadurch, daß man zum Wenden des Fleisches anstelle eines Kochlöffels einen starken, belaubten Origanozweig benutzt. Und **funghi alla brutta** werden so gemacht: Die Strünke von vier großen Steinpilzen, ebenso viele Knoblauchzehen und Petersilienstengel hackt man sehr fein, würzt sie mit Salz, Pfeffer und etwas **peperoncino**, bindet die Masse mit einem Eßlöffel Olivenöl, füllt damit die Pilzköpfe und grillt diese bei lebhaftem Feuer über dem Rost.

Zu den berühmtesten Spezialitäten der Region zählen die **maccheroni alla chitarra**. Das sind keine Röhren-, sondern Bandnudeln, die mit einem mit Stahlsaiten bespannten Instrument geschnitten werden, das von ferne an eine Gitarre (**chitarra**) erinnert. Hier das Rezept: **Maccheroni alla chitarra**.

Die Zutaten: 400 g Bandnudeln, 40 g Butter, 1 kleine Zwiebel, 100 g Rohschinken, 4 Petersilienstengel, 1 Handvoll Basilikumblätter oder 1 Löffel getrocknetes Basilikum, 1 Knoblauchzehe, 1/2 Peperoncino oder 1 Messerspitze Cayenne-Pfeffer.

Die Nudeln werden al dente *gekocht. Inzwischen dämpft man alle Zutaten in Butter, gibt diese Sauce über die abgetropften Nudeln und vermengt alles gut.*

Noch einfacher, aber im Grunde raffinierter ist das Rezept für **Spaghetti all'abruzzese**.

Dazu braucht es: 400 g Spaghetti, 1 Weinglas Olivenöl, 4 ganze Knoblauchzehen, 1 Peperoncino, 1 Sträußchen Petersilie, Salz.

Die Spaghetti werden **al dente** *gekocht. Einige Minuten bevor sie gar sind, macht man in einem Pfännchen das Olivenöl heiß und brät darin den sehr fein gehackten Peperoncino und die ganzbelassenen Knoblauchzehen, bis die letzteren goldbraun sind. Nachdem man die Spaghetti abtropfen ließ, schüttet man das durch Knoblauch und Peperoncino aromatisierte Öl darüber, bestreut mit der gehackten Petersilie, vermengt gut und trägt sofort auf.*

Linsen stehen in den Abruzzen hoch in Ehren. In der Regel werden sie als Suppe aufgetischt und so zubereitet:

Über Nacht weicht man 200 g Linsen und gibt sie mit anderthalb Liter Wasser aufs Feuer. Wenn sie gar sind, brät man in einem Saucen-Pfännchen 50 g Speckwürfel, eine feingeschnittene Zwiebel, zwei gehackte Knoblauchzehen und einen zerkleinerten Selleriestengel in drei bis vier Löffeln Olivenöl, gibt etwas Tomatenmark dazu, dünstet eine Weile weiter und gibt alles zu den Linsen. Nun schneidet man zwei große Weißbrotscheiben in Würfelchen, röstet sie in ganz wenig Öl und streut sie in die Suppe.

Noch delikater, aber etwas zeitraubender sind die Abruzzen-Linsen oder **Lenticchie all'abruzzese.**

Das Rezept erheischt: 200 g Linsen, 4 Lorbeerblätter, 50 g Speckwürfel, 1 Löffel Tomatenmark, Salz, Pfeffer und 16 große Kastanien.

Die ungeschälten Kastanien werden kreuzweise eingeschnitten, in einer Eisenpfanne oder auf dem Rost gebraten, geschält und zerkleinert. Nun kocht man die über Nacht eingeweichten Linsen mit den Lorbeerblättern, bis sie beinahe gar sind. In einem Pfännchen wird der Speck

*angebraten. Man gibt ihn zusammen mit dem Tomaten-
mark und den Kastanien in die Linsen, schmeckt erst jetzt
mit Salz und Pfeffer ab und läßt weiterköcheln, bis die
Linsen gar sind. Je nach der Wassermenge, die verwendet
wurde, präsentiert sich das Gericht als Suppe oder als
Brei. In beiden Fällen wird es mit gerösteten Brotwürfeln
serviert.*

Unter den vielen abruzzesischen Lamm-Rezepten
empfiehlt sich **Agnello alle olive.**

*Die Zutaten: 600 g Lammfleisch, 100 g schwarze Oli-
ven, 50 g Olivenöl, Mehl, Origano, Peperoncino, 1/2 Zitrone, Salz.*

*Das Lammfleisch wird in nicht zu große Stücke ge-
schnitten, in Mehl gewälzt und rundherum angebraten.
Nun salzt man und brät weiter, bis das Fleisch schön goldbraun ist. Die Oliven werden entsteint, zerkleinert und
über das Fleisch gestreut. Man gibt einen Löffel Origano
und den gehackten Peperoncino (oder eine Messerspitze
Cayenne-Pfeffer) dazu, beträufelt alles mit dem Saft einer
halben Zitrone und läßt noch fünf Minuten bei kleinem
Feuer schmoren.*

Das Osterlamm der Abruzzen heißt **Agnello brodet-
tato.** *Dazu braucht es:*

*800 g Lammfleisch, 100 g Rohschinken, 3 dl trockener
Weißwein, 1 Löffel Schweineschmalz, 1 Tasse Fleischbrühe, 1 Zwiebel, Mehl, Muskatnuß, 2 Eigelb, 1/2 Zitrone,
1 Knoblauchzehe, Salz und Pfeffer.*

*In einem Topf dünstet man die gehackte Zwiebel und
die Schinkenwürfel in Schweineschmalz, salzt, pfeffert
und reibt etwas Muskatnuß darüber. Das Lammfleisch
wird in Stücke geschnitten, in Mehl gewälzt, in den Topf
gegeben und ringsum angebraten. Man gibt die Fleischbrühe dazu, läßt eine Weile schmoren, löscht mit dem*

*Wein ab und schmort weiter. Wenn das Fleisch gar ist,
nimmt man es aus der Sauce und gibt es in eine vorgewärmte Schüssel. Man zieht den Topf vom Feuer, verrührt
die Eidotter mit dem Zitronensaft, rührt sie mit dem
Schneebesen unter die Ragoût-Brühe, erhitzt noch einmal
bis knapp unter den Siedepunkt und seiht die Sauce über
die Fleischstücke.*

Fleisch kommt in den Abruzzen nicht jeden Tag auf
den Tisch; da hält man sich dann an die **frittate** – Eierkuchen, die keine kostspieligen Zutaten erfordern und
doch wahre Leckerbissen sind.

Frittate können mit allen Gemüsen und Kräutern zubereitet werden, die die Jahreszeit gerade bietet. Hier
zwei Beispiele:

Frittata con le cipolle.

*Ein Pfund Zwiebeln wird in feine Scheiben geschnit-
ten, gesalzen, mit Origano gewürzt und bei schwacher
Hitze gedämpft. Bevor die Zwiebeln Farbe angenommen
haben, nimmt man sie vom Feuer und läßt sie erkalten.
Nun zerquirlt man fünf Eier, salzt sie, gießt sie über die
gedämpften Zwiebeln und vermischt alles gut. In einer
Omelette-Pfanne erhitzt man Öl und brät den Zwiebel-
Eierkuchen auf beiden Seiten goldbraun.*

Frittata al basilico.

*An die Stelle der Zwiebeln tritt hier ein Gemisch aus
zerpflückten Basilikumblättern (eine gehäufte Handvoll)
und zwei Eßlöffeln geriebenem Schafkäse, das mit den
Eiern verrührt wird. Im übrigen verfährt man wie bei der*
Frittata con le cipolle.

**Kampa-
nien.** Man
hat dicke Bü-
cher über die Kü-
che Kampaniens ge-
schrieben, in der Vorstellung
der übrigen Welt aber besteht sie le-
diglich aus zwei Gerichten: Pizza und Spaghetti. Auch wir
wollen uns an diese beiden halten – aus dem einfachen
Grund, weil die Ingredienzen der »großen« neapolitanischen Küche bei uns nicht greifbar sind. Ja, selbst bei Pizza
und Spaghetti müssen wir uns bescheiden; denn die für
viele Varianten beider benötigten Vongole-Müschelchen
gibt es bei uns nur in Büchsen, und die haben kaum Ähn-

lichkeit
mit der fri-
schen Meeres-
frucht. Ein anderes
unentbehrliches Ele-
ment hingegen, den Büffelkäse
Mozzarella, findet man neuerdings
auch nördlich der Alpen.

Pizza ißt man in Neapel zwischen den Mahlzeiten und spät abends, wenn man aus dem Kino oder Theater kommt und Lust auf ein Glas Wein und einen kräftigen Imbiß hat. Die Ur-Pizza war denn auch nur ein tellergroßer Fladen, der mit Olivenöl getränkt, spärlich mit Tomatenscheiben bestreut und mit Origano oder Basilikum gewürzt war.

Mit der Zeit jedoch schoß die Phantasie der Pizza-Bäcker immer mehr ins Kraut, und heute ist man so weit, daß manchenorts gegen zwanzig verschiedene Sorten angeboten werden.

Die Pizza-Begeisterung hat sich über ganz Italien, ja über die halbe Welt ausgebreitet. Man findet heute Pizzerien in New York so gut wie in Kopenhagen oder in der St. Moritzer Chesa Veglia. Ihre Pizzen sind meist vorzüglich, weil überall Neapolitaner am Werk sind. Nur dort, wo sich Nicht-Italiener an der Pizza versuchen, kommt es zu Geschmacksverirrungen. So glauben es mancher Wirt und manche Hausfrau besonders gut zu machen, wenn sie Blätter- statt Brotteig verwenden.

Als Geburtsstunde der »reichen« Pizza darf der 11. Juni 1889 angenommen werden. An diesem Tag wurde der **pizzaiolo** (Pizza-Bäcker) Peppino Brandi in den Palast von Capodimonte gerufen, um für die Königin Margherita eine Pizza zu backen. Als guter Patriot verwendete er dafür Ingredienzen in den Farben der italienischen Trikolore: Basilikum für Grün, Mozzarella für Weiß und Tomaten für Rot. Hier das Rezept für **Pizza Margherita**.

Für eine Portionen-Pizza (einen Esser) braucht es: 200 g Brotteig, 60 g Tomaten, 50 g Mozzarella-Käse, Basilikum, 3 Eßlöffel Olivenöl, Salz und Pfeffer.

Auf einer mit Mehl bestreuten Unterlage zieht man den Teig von Hand aus, bis eine gleichmäßig dicke Scheibe von Tellergröße entsteht. Diese bestreut man mit den entkernten, in Streifen geschnittenen Tomaten so, daß ein Rand von 2 cm Breite frei bleibt. Zwischen die Tomaten verteilt man den zerbröckelten Mozzarella-Käse und die Basilikumblätter, gießt das Öl darüber, salzt und pfeffert und bäckt die Pizza im heißen Ofen.

Läßt man die Tomaten weg, so heißt die Pizza »Marghe-

rita bianca«; wünscht man sie sehr kräftig im Geschmack, so gibt man vor dem Backen geriebenen Schafkäse dazu.

Für die beliebte **Pizza quatro stagioni** gibt es kein verbindliches Rezept. *Man zeichnet dem Pizza-Teig mit dem Löffelstiel ein Kreuz auf und bedeckt jedes der so entstandenen Viertel mit einer andern Garnitur. Beispiel: Miesmuscheln, entkernte, schwarze Oliven mit zerkleinerten Sardellen, in Butter gedämpfte Pilze und kleine, in Öl eingemachte Artischocken.*

Der Pizza nah verwandt ist der **Calzone napoletano.** *Die Zutaten für vier Personen: 500 g Brotteig, 200 g Ricotta oder Quark, 100 g Rohschinken, 100 g Mozzarella-Käse, 1 Ei, 40 g geriebener Parmesan, Origano, Salz und Pfeffer.*

Die Ricotta (oder der Quark) wird durch ein Sieb in eine Schüssel getrieben. Man gibt den kleingewürfelten Schinken, die Mozzarella, den Käse und das Ei dazu, würzt mit Origano, Salz und Pfeffer und vermengt alles gut. Nun treibt man den Teig von Hand aus, bis eine runde Scheibe von 1/2 cm Dicke entsteht, häuft die Füllung darauf, klappt die eine Teighälfte über die andere, verknetet die Ränder, legt den **Calzone** *auf das Backblech und bäckt ihn im heißen Ofen eine halbe Stunde.*

Ein Wort zu Neapels populärstem Gericht, den **Spaghetti.**

Daß sie im Schatten des Vesuvs erfunden wurden, wird allgemein geglaubt, ist aber keineswegs bewiesen; daß die neapolitanische Küche, genau besehen, nur drei Spaghetti-Rezepte hervorgebracht hat, mag verwundern. Das Ur-Rezept **Spaghetti alla napoletana** ist denkbar einfach.

Für die Sauce braucht es lediglich Olivenöl, Knoblauch und Tomatenmark. Man läßt das Öl mit vier ganzen Knoblauchzehen heiß werden. Sobald die letzteren gold-

braun sind, nimmt man sie heraus, gibt reichlich Tomatenmark und ebensoviel Wasser dazu, läßt aufkochen und
gießt die Sauce über die **al dente** gekochten Spaghetti. –
Die zweite Spezialität, **Spaghetti alle vongole**, kann nur
am Mittelmeer, wo sich diese Molluske massenhaft findet,
gekocht werden. Die dritte, **Spaghetti alio e olio**, wird so
gemacht:

*In einem Pfännchen erhitzt man ein Weinglas Olivenöl
und läßt darin zwei feingehackte Knoblauchzehen Farbe
annehmen. Nun gibt man ein Sträußchen mit der Schere
geschnittene Petersilie und eine Messerspitze Cayenne-
Pfeffer dazu, läßt die **al dente** gekochten Spaghetti
abtropfen, mahlt etwas schwarzen Pfeffer darüber, gießt
die Öl-Sauce dazu und vermengt gut.*

Ebensoviel Sorgfalt wie den Spaghetti wird in Neapel
den **Maccheroni,** das heißt den sie begleitenden Saucen
gewidmet. Dafür zwei Beispiele:

Maccheroni alla marinara.

*Zuerst entsteint man 150 g Oliven und halbiert sie.
Dann wird Öl in einem Topf erhitzt; darin röstet man eine
kleine, scharfe Pfefferschote (**peperoncino**) und zwei
Knoblauchzehen an. Wenn der Knoblauch Farbe anzunehmen beginnt, gibt man 1 kg enthäutete und zerkleinerte
Tomaten dazu, setzt den Deckel auf und läßt eine Viertelstunde leise kochen. Dann werden Knoblauch und Pfefferschote entfernt und die Oliven sowie ein Eßlöffel
Kapern der Sauce beigegeben. Man läßt weiterköcheln
während man die Maccheroni zubereitet, die dann, mit der
Sauce gut vermischt und mit gehackter Petersilie bestreut,
aufgetragen werden.*

Die Sauce für **Maccheroni alla San Giovanniello**
wird so zubereitet:

Anstelle von Öl verwendet man halb Butter und halb

Schweineschmalz. Darin röstet man drei Knoblauchzehen und 100 g in Würfelchen geschnittenen Schinken, gibt wie bei der Salsa alla marinara 1 kg Tomaten bei und läßt eine gute halbe Stunde köcheln. Erst wenn die Sauce mit den Maccheroni vermischt ist, streut man 100 g geriebenen, scharfen Schafkäse und eine Handvoll zerpflückte Basilikumblätter darüber und vermengt noch einmal alles gut miteinander.

Für beide Saucen kann anstelle von frischen Tomaten auch in Wasser aufgelöstes Tomatenmark aus Büchsen (ca. 80 g) verwendet werden.

Zu den Ehrentiteln der neapolitanischen Küche zählt auch die **Costa alla pizzaiola**.

Dem Umstand, daß diese Zubereitungsart früher von den Pizza-Bäckern geübt wurde, verdankt sie ihren Namen.

Für vier Personen braucht es: 2 Zwischenrippenstücke, jedes 400 g schwer, 700 g Tomaten, Olivenöl, 3 Knoblauchzehen, Origano, Salz und Pfeffer.

Die Tomaten werden geschält, entkernt und zerkleinert. Man salzt und pfeffert das Fleisch, brät es auf beiden Seiten kurz an und bestreut es mit dem feingehackten Knoblauch und dem Origano. Nun gibt man die Tomaten darüber, deckt zu, stellt das Feuer klein und läßt schmoren, bis sich die Tomaten in eine gleichmäßige Sauce aufgelöst haben. Drohen sie auszutrocknen, so gibt man von Zeit zu Zeit ein wenig Wasser bei. Man richtet das Fleisch auf einer heißen Platte an und übergießt es mit der Sauce. **Alla pizzaiola** kann man auch andere Stücke vom Rind und Kalbskoteletts zubereiten.

Apulien. Fast achthundert Kilometer lang ist die apu-
lische Küste – kein Wunder, daß Fische und allerlei Meergetier dort auf dem Küchenzettel an erster Stelle stehen.
Da uns diese Geschenke Neptuns vorenthalten sind, halten wir uns an die Miesmuscheln, die im übrigen Italien

cozze, in Apulien hingegen **mitili** heißen. Sie sind in der
Regel fetter und vor allem größer als bei uns und eignen
sich daher dazu, mit Farcen gefüllt zu werden. Das ist eine
Zubereitungsart, die viel Zeit und Fingerfertigkeit erfor-
dert; einfacher sind Miesmuscheln auf Tarentiner Art,

Cozze alla tarantina.

Man entfernt mit einem Messerchen den Deckel der rohen Muschel und legt mit den unteren Schalenhälften, die das Weichtier enthalten, eine Gratinplatte aus. Nun bereitet man aus viel gehackter Petersilie, feingeschnittenem Knoblauch, Origano, Tomatenmark und Olivenöl eine Paste, gibt davon einen kleinen Klecks auf jede Muschel und schiebt die Platte in den mittelheißen Ofen. Nach zehn Minuten sprengt man etwas trockenen Weißwein auf die Muscheln und beläßt sie für weitere acht bis zehn Minuten im Ofen.

Nördlich der Alpen werden Miesmuscheln meist in einem Sud abgekocht, bevor man sie mit Rahm, Eigelb, Curry usf. verfeinert. Nicht so in Apulien. Um des Schaleninhalts habhaft zu werden, gibt man sie gut gewaschen und gebürstet ohne Wasser auf das Feuer, rüttelt und schüttelt dann den Topf, bis sich die Muscheln eine nach der andern geöffnet haben. Diese Methode wird angewendet für Muschelreis, **Riso con le cozze.**

Dazu braucht es: 800 g Miesmuscheln, 400 g Tomaten, 300 g Reis, 1 Knoblauchzehe, 50 g geriebenen Schafkäse (oder Parmesan), Olivenöl, Salz und Pfeffer.

Die Muscheln werden gut gereinigt und wie oben beschrieben zum Öffnen gebracht. Man löst den Inhalt von der Schale und gibt ihn in ein Schüsselchen. Wenn diese Operation beendet ist, seiht man die Flüssigkeit, die sich auf dem Boden des Topfes angesammelt hat, in eine Tasse.

Nun gibt man einige Löffel Olivenöl in den Topf und läßt darin eine ganze Knoblauchzehe goldbraun werden. Der Knoblauch wird herausgefischt, und nun kommen die zerkleinerten Tomaten und die aufgefangene Muschelflüssigkeit in den Topf. Man salzt und pfeffert und läßt die Sauce leise köcheln. In einem zweiten Topf bringt man reichlich Salzwasser zum Kochen und gibt den Reis dazu. Nach 10 Minuten wird er abgegossen und in die Sauce getan. Man stellt die Flamme etwas höher, rührt gut durch und gibt nach weiteren 3 Minuten die ausgelösten Muscheln in den Reis. Sobald dieser gar ist, richtet man ihn an, reibt Schafkäse oder Parmesan darüber und trägt auf.

Wie die Miesmuschel hat auch der Tintenfisch die Binnenmärkte erobert. Für seine Zubereitung gibt es eine lange Reihe apulischer Rezepte. Eines der einfachsten und delikatesten heißt **Polpi in umido.**

Die Zutaten: 800 g kleine Tintenfische, 300 g Tomaten, 1 Knoblauchzehe, 1 Sträußchen Petersilie, 1 Glas trockener Weißwein, Olivenöl, Salz und Pfeffer.

Die Tintenfische werden sorgfältig geputzt, gut gewaschen und in Streifen geschnitten. In einem dickwandigen Topf – die apulischen Köchinnen verwenden ein Gefäß aus Terrakotta – läßt man vier Löffel Olivenöl heiß werden, gibt die Tintenfische dazu, brät sie ein wenig an und löscht mit dem Weißwein ab. Wenn dieser verdunstet ist, kommen die Tomaten in den Topf. Man salzt und pfeffert, stellt das Feuer klein, setzt den Deckel auf und läßt so lange leise köcheln, bis sich die Tomaten aufgelöst haben und die Tintenfische gar sind. Nun richtet man in eine vorgewärmte Schüssel an und überstreut das Gericht mit einem Hack aus Petersilie und Knoblauch. Man kann es als Vorspeise servieren oder als reiche Zugabe zu Maccheroni oder andern Teigwaren.

Von Apulien ist es nur ein Katzensprung nach dem Peloponnes, und diese Nachbarschaft hat ihre Entsprechung im kulinarischen Bereich: In der Küche der Apulier wie der Hellenen spielen Auberginen (Eierfrüchte) und Oliven eine Hauptrolle. Beide finden sich zusammen in den gefüllten Auberginen, **Melanzane ripiene.**

Man braucht dazu: 4 Auberginen, je nach Größe 12–16 schwarze Oliven, 8 Sardellenfilets, 2 Eßlöffel Tomatenmark, 2 Eßlöffel Kapern, Brotbrösel, Olivenöl, Salz und Pfeffer.

Man schneidet die ungeschälten Auberginen der Länge nach durch und kratzt in jede Hälfte eine Vertiefung. Das so gewonnene Fruchtfleisch wird in einer Schüssel vermengt mit den entsteinten und zerkleinerten Oliven, den Kapern, den feingehackten Sardellen und dem Tomatenmark. Mit der so entstandenen Paste füllt man die Auberginenhälften, legt sie in ein feuerfestes Geschirr, begießt sie mit Olivenöl und bäckt sie bei 200 Grad Hitze im Ofen während 20 Minuten. Gefüllte Auberginen kommen in Apulien sowohl heiß als auch kalt auf den Tisch.

Bei einer milderen Variante des Gerichts werden die Sardellen durch geriebenen Schaf- oder Parmesankäse ersetzt und das Tomatenmark weggelassen. Das Rezept lautet dann so:

Das ausgekratzte Fruchtfleisch der Auberginen wird mit den zerkleinerten Oliven, den Kapern, den Brotbröseln und 50 g geriebenem Käse vermengt und kurz in Olivenöl gedünstet. Mit dieser Masse füllt man die Auberginen und bäckt sie wie oben im Ofen.

Von den apulischen Fleischgerichten hat nur das **Ragù del macellaio** im übrigen Italien Fuß gefaßt. Dieses Metzger-Ragoût ist eine reiche Fleisch-Sauce, mit der eine Schüssel Teigwaren zum Hauptgericht erhoben werden kann. Hier das Rezept:

Die Zutaten: je 150 g Kalb-, Lamm-, Schweine- und Rindfleisch, 1 Zwiebel, 400 g Tomaten, Olivenöl, Salz und Pfeffer.

Die vier Fleischsorten werden in nußgroße Stücke geschnitten. Man dämpft die zerkleinerte Zwiebel in 4 Löf-

feln Olivenöl, bis sie Farbe anzunehmen beginnt. Dann gibt man die Fleischstücke dazu und brät sie ringsum an. Die geschälten, entkernten und in Streifen geschnittenen Tomaten kommen zum Fleisch, man salzt und pfeffert, setzt den Deckel auf und läßt mindestens eine Stunde köcheln; dann gießt man die Sauce ab, zieht sie unter die **al dente** *gekochten Teigwaren und reicht das Fleisch separat dazu.*

Apulien stand lange Zeit unter arabischer Herrschaft, und mir scheint, das folgende Rezept sei – abgesehen von dem darin vorgeschriebenen Schweineschmalz natürlich – eine ferne Erinnerung an die auf Süß-Saures erpichte Sarazenenküche.

Coniglio in agrodolce.

Die Zutaten: 1 Kaninchen, 150 g Schweineschmalz, 50 g Zucker, 2 dl Weinessig, 50 g Sultaninen, 50 g Pinienkerne, 1 Eßlöffel Stärkemehl, 1 Lorbeerblatt, je 1 Prise Thymian und Rosmarin, Salz und Pfeffer.

Das in Stücke zerlegte Kaninchen wird im Fett goldbraun angebraten; dann fügt man den Essig, den Zucker, die Sultaninen, die Pinienkerne und die Gewürze hinzu, salzt und pfeffert, und läßt so lange schmoren, bis der Essig völlig verdampft ist. Nun löst man das Stärkemehl in einem halben Liter kaltem Wasser auf, gießt zu und schmort weiter, bis das Fleisch gar ist.

Kalabrien. Die kalabresische Küche ist einfach. So einfach, daß die Zusammensetzung und die Zubereitung der Gerichte oft archaisch anmuten. Dabei ist sie aber auch wieder raffiniert insofern, als fast jedes Rezept eine Gaumenüberraschung bereithält. Wir merkten das, als wir mit kalabresischen Gastfreunden einen Tagesausflug unter-

nahmen auf jenen Bergrücken, der im legendären Aspro-
monte gipfelt. Das mittägliche Picknick, das in einem
prachtvollen Buchenwald eingenommen wurde, bestand
zur Hauptsache aus einer riesigen, mit Speckwürfeln mar-
morierten Schweinswurst. Man schnitt sie in handlange
Stücke, von denen jedes in nasses Packpapier eingewickelt

und in der heißen Asche eines großen Feuers gebraten wurde. Dazu gab es einen Salat aus abgekochten und in Scheiben geschnittenen Auberginen, deren etwas fader Geschmack durch frische Pfefferminzblätter gewürzt war. Noch ungewohnter schmeckte eine sauersüße Fleischbeigabe namens **Mandorlata di peperoni.**

Hier das Rezept: Vier Pfefferschoten und vier Tomaten werden entkernt und in Streifen geschnitten. Man dämpft sie zehn Minuten in Olivenöl, gibt dann je einen Eßlöffel Zucker, Essig und Sultaninen sowie zehn geschälte und in Splitter geschnittene Mandeln dazu, dämpft nochmals zehn Minuten und läßt erkalten.

Das Mahl zwischen silbernen Buchenstämmen unter durchsonntem Blätterdach wurde beendet mit dem hierzulande **butirri** genannten, innen mit Butter gefüllten Caciocavallo-Käse, den wir mit einem fruchtigen Rotwein aus Gioia Tauro begossen. Die Nachspeise wuchs uns sozusagen in den Mund, denn ringsum war der Boden rotgesprenkelt mit Walderdbeeren . . .

Zu den Gemüsen, die Kalabrien in Fülle hervorbringt, gehört außer wildem Spargel, Auberginen, Saubohnen, Pfefferschoten, milden, karmesinroten Zwiebeln und Tomaten auch der Fenchel. Seine knollenförmigen Blattstände sind bei uns erhältlich; nur schade, daß wir dieses herzhaft schmeckende Grünzeug bloß gedämpft oder als Salat kennen! Unsere kalabresische Wirtin machte daraus eine delikate Suppe, **Zuppa di finocchi.**

Dazu brauchte sie: 4 Fenchelknollen, 50 g feinstes Olivenöl, 1 Knoblauchzehe, 1 Sträußchen Petersilie, Weißbrotwürfel und Salz.

Man befreit die Knollen von den äußeren, oft etwas zähen Blättern und schneidet das zarte Innere in ganz dünne Scheiben. Diese gibt man mit der Petersilie und dem

Knoblauch – beides fein gehackt – und dem Olivenöl in einen Topf und gießt gut einen Liter kaltes Wasser dazu. Man salzt, bringt zum Kochen und stellt das Feuer klein. Während die Suppe köchelt, brät man Weißbrotwürfel in wenig Olivenöl goldfarbig, gibt sie in eine Terrine und richtet die Suppe darüber an. Sie wird ohne Käse serviert, um das zarte Aroma von Fenchel und Olivenöl nicht zu überdecken.

Teigwaren kommen in Kalabrien meist mit einer Sauce auf den Tisch, für die nur der Saft von Tomaten verwendet wird, deren Besonderheit aber auf der Zugabe von frischen Basilikumblättern besteht; überall erhältlich sind indessen die Ingredienzen für **Maccheroni alla calabrese**.

Man nehme: 400 g Maccheroni, 150 g Magerspeck, gewürfelt, 3 Eßlöffel Olivenöl, 1 große oder 2 kleine Zwiebeln, 70 g geriebenen Schafkäse (oder Parmesan), 1 Prise Cayenne-Pfeffer und Salz.

*Das Öl wird in einer Pfanne erhitzt. Darin brät man die Speckwürfel leicht an, nimmt sie dann mit dem Schaumlöffel heraus und stellt sie warm. Nun kommt die feingeschnittene Zwiebel in dasselbe Öl und wird so lange gedünstet, bis sie Farbe anzunehmen beginnt. Ist das geschehen, gibt man die Speckwürfel dazu und rührt gut durch. Inzwischen hat man die Maccheroni **al dente** gekocht. Man läßt sie abtropfen, gibt sie in eine vorgewärmte Schüssel, reibt den Käse darüber, gibt das Speck-Zwiebel-Gemisch dazu, rührt gut um und trägt auf.*

Wie überall am Mittelmeer steht auch in Kalabrien der Stockfisch hoch in Ehren. Warum er bei uns so selten auf den Tisch kommt, ist mir ein Rätsel. Seine Zubereitung ist einfach, sein Aroma unverwechselbar und so viel kräftiger als dasjenige der tiefgekühlten Fische! Man mache einen Versuch mit **Pesce stocco ammollicato**.

Die Zutaten: 800 g Stockfisch (nach dem Wässern gewogen), 100 g Olivenöl, 30 g geriebener Schafkäse (oder Parmesan), 1 Eßlöffel Brotbrösel, 1 Eßlöffel Kapern, 1 Kaffeelöffel Origano und Salz.

Der über Nacht gewässerte Stockfisch wird in schwach gesalzenem Wasser gargekocht. Man nimmt ihn aus dem Sud, legt ihn auf ein Tuch und tupft ihn gut ab. Wenn er sich abgekühlt hat, schneidet man ihn in etwa daumengroße Stücke und entfernt sorgfältig alle Gräten.

Auf kleinem Feuer wird das Öl mäßig erhitzt. Man gibt die Fischstücke dazu und läßt sie leicht Farbe annehmen. Dann streut man die Brotbrösel und die Kapern darüber, desgleichen den geriebenen Käse und den Origano. Die Fischstücke werden gewendet, noch einige Minuten auf dem Feuer belassen und dann sofort aufgetragen.

Und hier noch eine etwas kompliziertere und auch sättigendere Art, den Stockfisch zuzubereiten: **Pesce stocco alla calabrese.**

Dazu braucht es: 800 g Stockfisch (nach dem Wässern gewogen), 800 g Kartoffeln, 100 g schwarze Oliven, 1 Glas Olivenöl, 1 große Zwiebel, Basilikum, 1 Sträußchen Petersilie, 1 kleine Büchse Tomatenmark, Salz und Pfeffer.

Der Stockfisch wird wie beim obigen Rezept behandelt, das heißt: in Salzwasser gekocht, enthäutet, entgrätet und in Stücke geschnitten. Nun gibt man die feingeschnittene Zwiebel und die gehackte Petersilie, das in der gleichen Quantität Wasser aufgelöste Tomatenmark und das Olivenöl in einen Topf und läßt diese Sauce mindestens eine Viertelstunde auf schwachem Feuer köcheln. Falls sie zu dickflüssig wird, gießt man etwas heißes Wasser nach. Inzwischen hat man die Kartoffeln geschält und in ziemlich dicke Rondellen geschnitten. Man gibt sie mit den Fischstücken in die Sauce, salzt, pfeffert, würzt mit einer nicht zu spärlichen Prise Basilikum und rührt alles gut um. Man gibt soviel heißes Wasser als nötig bei, läßt zehn Minuten köcheln, gibt dann die entkernten und zerkleinerten Oliven dazu und köchelt weiter, bis die Kartoffeln gar sind, also etwa weitere zehn bis fünfzehn Minuten.

Ein kalabresisches Rezept für **Anitra ripiena** (Gefüllte Ente) gibt die erwünschte Gelegenheit, auch diesem sympathischen Federvieh auf unserm italienischen Spaziergang zu begegnen.

Für den Braten braucht es folgende Zutaten: 1 Ente, Schweineschmalz, in Wasser aufgelöstes Tomatenmark (1 kleine Büchse), 1 dl trockenen Weißwein, 1 kleine Zwiebel, 1 Karotte, 1 Selleriestange, ein wenig Cayenne-Pfeffer und Salz.

Die Füllung benötigt: 50 g Schweinsleber, 1 Enten- und 1 Hühnerleber, 50 g Bauchspeck, 30 g getrocknete Pilze (eingeweicht), 1 kleine Zwiebel, 1 Knoblauchzehe, 1 Sträußchen Petersilie – alles fein gehackt, gesalzen und gepfeffert.

Man vermengt die Ingredienzen der Füllung mit einem Eidotter und füllt damit die außen und innen mit Salz und etwas Cayenne-Pfeffer eingeriebene Ente, näht sie zu und umwickelt sie mit einem Bindfaden. Dann legt man sie in eine Kasserolle, gibt das Hack aus Zwiebel, Karotte und Sellerie dazu, brät alles an, gießt dann das aufgelöste Tomatenmark und den Wein dazu und schmort das Geflügel unter fleißigem Begießen zugedeckt gar.

Sizilien.
Als das italieni-
sche Festland noch im
düstersten Mittelalter dahin-
dämmerte, stand Sizilien im Glanz islami-
scher Hochkultur. Normannen und Staufer übernahmen
mit andern Verfeinerungen arabischer Lebensart auch die
Kochkunst, deren Grundmuster noch heute bei vielen sizi-
lischen Gerichten durchschimmert. So vor allem bei den
nach Mandeln, Pistazien und Honig, Zimt, Zedrat und Gewürznelken duftenden Bäckereien und bei den Glacen,

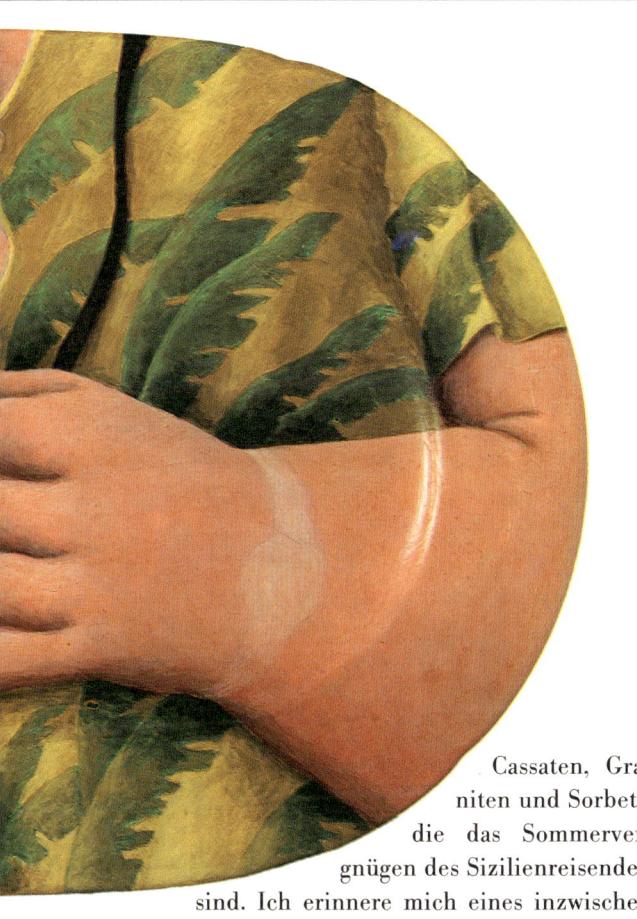

Cassaten, Gra-
niten und Sorbets,
die das Sommerver-
gnügen des Sizilienreisenden
sind. Ich erinnere mich eines inzwischen
verschwundenen palermitanischen Eissalons, wo man auf
zerschlissenen Fauteuils vor rissigen Marmortischchen
saß und aus hohen Gläsern ein »zweistöckiges« Eis löffelte.
Die untere Partie war weiß und mit Jasmin parfümiert, die
obere bleichbraun und mit Zimt gewürzt. Der Witz bestand darin, das Jasmin-Eis durch das Zimt-Eis hindurch

zu essen . . . Raffiniert sind auch der Orangen- und der Zitronensalat, die auf Sizilien oft den Braten begleiten. Beide sind kinderleicht herzustellen:

Insalata d'arancia.

Man schält pro Person eine Orange und schneidet sie in feine Scheiben, mahlt schwarzen Pfeffer darüber und beträufelt mit Olivenöl.

Insalata di limone

Genau gleich verfährt man mit den Zitronen, nur daß man diese nach dem Aufschneiden einige Minuten in kaltes Wasser legt und abtropfen läßt, bevor man sie mit Pfeffer, Salz und Olivenöl anmacht.

Die Sizilianer sind passionierte Maccheroni- und Spaghetti-Esser und kennen eine Unzahl an Teigwarenrezepten. Der berühmtesten eines stammt aus Catania,

Pasta alla catanese.

Dazu braucht es: 400 g Maccheroni, 1 kg Tomaten, 1 Knoblauchzehe, Basilikum, Olivenöl, 30 g Schafkäse, 2 Auberginen.

Die Tomaten werden geschält, entkernt, zerkleinert und mit dem sehr fein geschnittenen Knoblauch auf lebhaftem Feuer unter ständigem Rühren zu einer gleichmäßigen Sauce eingekocht. Dann gibt man Salz, den zerbröckelten Schafkäse, frisches oder getrocknetes Basilikum und 6 Löffel Olivenöl dazu, rührt gut durch und läßt noch einige Minuten weiterköcheln. Nun werden die Auberginen in ziemlich dicke Scheiben geschnitten und separat in reichlich Olivenöl gebraten. Inzwischen hat man die Maccheroni **al dente** *gekocht. Man vermengt sie mit der Tomaten-Sauce und dem Öl, in dem die Auberginen gebraten wurden, richtet sie in Suppentellern an und garniert sie mit den Auberginenscheiben.*

In aller Welt wird der Wein aus Marsala zum Kochen gebraucht. Leider kommt bei uns meist seine süße Variante auf den Markt; für die Küche aber eignet sich nur die trockene – Marsala secco. Damit kann man nicht nur Fleischgerichten, sondern auch Gemüsen ein einzigartiges Aroma verleihen. Beispiele:

Carote al marsala.

Zutaten: 500 g junge, zarte Karotten, 50 g Butter, 1 kleines Glas trockener Marsala, Salz.

Die Karotten werden in ganz feine Scheiben geschnitten, gesalzen und auf starkem Feuer in Butter gebraten, bis sie Farbe angenommen haben. Dann gießt man den Marsala dazu, setzt den Deckel auf, stellt das Feuer klein und läßt köcheln, bis die Karotten gar sind.

Vom Herzog von Salaparuta, der ein ausgezeichnetes vegetarisches Kochbuch geschrieben hat, stammen zwei weitere Marsala-Rezepte für Kartoffeln und Pilze:

Patate al marsala.

Zutaten: 500 g kleine, ebenmäßige Kartoffeln, 30 g Butter und 30 g Olivenöl, 1 Glas trockener Marsala, Salz.

Die Kartoffeln werden geschält und in einer großen Eisenpfanne in halb Butter, halb Olivenöl auf kleinem Feuer gebraten. Wenn sie fast gar sind, salzt man, gießt den Marsala dazu und brät sie gar.

Funghi al marsala.

Zutaten: 400 g frische Pilze, 50 g Butter, 1 Glas trockener Marsala, 1 Eßlöffel gehackte Kräuter, etwas Mehl, Salz und Pfeffer, geröstete Brotschnittchen als Garnitur.

In einer Pfanne läßt man die Butter zergehen und dünstet darin die Pilze während 5 Minuten, gibt dann den Marsala dazu und dünstet 20 Minuten weiter. Etwas Mehl wird in wenig Wasser angerührt und zu den Pilzen gegossen. Sobald sich die Sauce gebunden hat, richtet

man an und garniert mit frisch gerösteten Brotschnittchen.

Und da wir schon beim Marsala sind: So verwenden die
Sizilianer den Wein für Schweinsschnitzel, **Scaloppine di
maiale al marsala.**

*Man braucht dazu: 500 g Schweinsschnitzel von der
Lende, 20 g Speckwürfel, 20 g Butter, 1 kleines Glas Marsa-
la, 1 Eßlöffel Mehl, 1 Knoblauchzehe, Olivenöl, Salz und
Pfeffer.*

*Man läßt den Speck und die zerquetschte Knoblauch-
zehe in wenig Olivenöl leicht Farbe annehmen, entfernt
dann den Knoblauch und brät die gesalzenen und gepfefferten Schnitzel auf beiden Seiten goldbraun, nimmt sie
aus dem Fett und stellt sie warm. In den Bratenfond
gibt man das mit der Butter verknetete Mehl in bohnen-
großen Stückchen, gießt den Marsala dazu, verrührt alles
gut und gibt die Sauce, sobald sie gebunden ist, über das
Fleisch.*

Das in ganz Italien populäre Sommergericht **Vitello
tonnato** hat sein Gegenstück in dem aus Messina stam-
menden kalten Huhn mit Thon-Sauce, **Pollo alla messi-
nese.**

*Die Zutaten: 1 Suppenhuhn, 1 mittelgroße Büchse
Thon, 1 Eßlöffel Kapern, 4 Sardellenfilets, 1 Selleriestengel, 1 Sträußchen Petersilie, Basilikum, 1 Eidotter, Zitronensaft, Olivenöl, Salz.*

*Sellerie, Petersilie und Basilikum werden in gesalze-
nem Wasser zum Sieden gebracht. In diesem Sud kocht
man das Huhn auf kleinem Feuer gar, nimmt es heraus und
läßt es erkalten. Inzwischen rührt man aus dem Eidotter,
Zitronensaft, Salz und Olivenöl eine Mayonnaise. Der
Thon wird zerpflückt, die Sardellen werden zerkleinert,
worauf beides samt den Kapern durch ein Sieb getrieben*

(oder püriert) wird. Man verrührt die Thon-Sardellen-Kapern-Masse gut mit der Mayonnaise, verlängert diese Sauce mit dem Saft einer Zitrone und gibt sie über das in Stücke zerlegte Huhn.

Rund um den Erdball wird unter dem Namen **Cassata siciliana** ein Mosaik aus Pistazien-, Vanille- und Schokolade-Eis angeboten, das mit der echten **Cassata alla siciliana** nicht die geringste Ähnlichkeit hat; denn diese besteht aus Schafmilch-Quark, einem Bisquitgebäck namens **Pan di Spagna**, Zucker, Pistazien, kandierten Früchten, Schokolade, Zimt, Orangenblütenwasser und Maraschino. Sie wird zwar eiskalt serviert, enthält aber überhaupt kein Eis.

Da die Herstellung einer **Cassata** äußerst umständlich ist, sei das sizilianische Kapitel mit dem Rezept eines ganz einfachen Nachtisches, eines Reis-Kastanien-Puddings, beschlossen.

Budino di riso e castagne.

Man benötigt dazu 150 g Reis, 75 g gedörrte Kastanien, 70 g Butter, 50 g Zucker, 50 g Rosinen, 1 Liter Milch, 1 Prise Salz.

Die gedörrten Kastanien werden 24 Stunden eingeweicht, sorgfältig geputzt und mit einer Prise Salz in der Milch gekocht. Inzwischen gibt man die Rosinen in lauwarmes Wasser und fügt sie zusammen mit dem Reis nach einer halben Stunde der Milch bei und läßt weitere zwanzig Minuten kochen. Bevor man den Topf vom Feuer nimmt, rührt man die Butter unter den Reis, füllt die Masse in eine gebutterte Puddingform und läßt sie erkalten, bevor man sie für mehrere Stunden in den Eisschrank stellt.

Sardinien. Keine Region Italiens ist vielgestaltiger als Sardinien. Es gibt dort rote, rundgeschliffene Granithügel und silberne Kalknadelgebirge wie in den Dolomiten, melancholische Heidelandschaften, die an Schottland erinnern, und kakteenstarrende, von amethystfarbenen Felskegeln umstellte Steppen. Und allenthalben Nura-

ghen, vorgeschichtliche, aus groben Blöcken aufgeschich-
tete Steintürme. Urtümlich sind auch die Gerichte des
Landes. Kichererbsen, Saubohnen, Gerstenschrot, Schweineblut und wilder Fenchel spielen darin eine große Rolle.
Wildschwein, Hirsch, Reh, Hase und Rebhuhn sind wich-
tige Fleischlieferanten. Zu ihrer Zubereitung werden –

außer Salz – nur jene Wildkräuter verwendet, die auf Sardinien überall zur Hand sind: Myrthe, Lorbeer, Salbei, Thymian, Rosmarin, Minze usf.

Gebraten wird meist **furria furria** – am Spieß – oder aber **a carraxiu**, das heißt »begraben«. Zu diesem Zweck wird eine Grube ausgehoben, in welcher man aromatisches Holz und Gestrüpp verbrennt. Auf die noch heiße Asche wird das frisch geschlachtete Tier gelegt und mit Myrthenzweigen, Rosmarin, Thymian und zuletzt mit einer dünnen Erdschicht bedeckt. Darüber zündet man ein großes Feuer an, durch dessen Hitze das Tier gebraten wird. **A carraxiu** werden mit Vorliebe Frischlinge und Spanferkel zubereitet, aber auch Tiere, die mit einem oder mehreren andern gefüllt sind. So etwa ein Truthahn, in dessen Bauchhöhle ein Fasan oder ein Hase eingenäht wurde. Ja, es geht die Sage, daß bei großen Festivitäten ein junger Stier mit einer Wildziege gefüllt wird, diese mit einem Spanferkel, welches in seinem Innern einen Hasen birgt, der seinerseits mit einem Rebhuhn farciert ist. Ich war nicht dabei, glaube es aber auf Grund meiner Erfahrung mit der sardischen Küche aufs Wort . . .

Hier vier Rezepte, die einfach herzustellen sind, und doch einen Hauch der Inselküche in unsere Breiten tragen: **Risotto alla sarda.**

Dazu braucht es: ½ Zwiebel, 200 g gehacktes Schweinefleisch, etwas Rotwein, 250 g Tomaten, 1 Prise Safran, 400 g Reis, Fleischbrühe, Olivenöl, Butter, geriebenen Schafkäse, Salz und Pfeffer.

Man dünstet eine halbe, feingeschnittene Zwiebel in wenig Olivenöl, gibt das gehackte Schweinefleisch dazu, brät es gut durch und löscht mit etwas Rotwein ab. Die Tomaten, die man geschält, entkernt und kleingeschnitten hat, werden mit wenig Salz, Pfeffer und einer Prise

Safran unter das Fleisch gemischt, und alles beiseite gestellt.

In einem Topf röstet man den Reis während fünf Minuten, gibt die Fleisch-Tomaten-Sauce dazu, rührt gut durch und beläßt die Masse während fünf Minuten auf dem Feuer. Nun gibt man einen Suppenlöffel kochende Fleischbrühe dazu. Sobald diese vom Reis aufgesogen ist, wiederholt man die Prozedur, bis der Reis gar ist. Jetzt wird reichlich geriebener Schafkäse und ein schönes Stück Butter darunter gezogen, der Topf vom Feuer genommen und zugedeckt. Bevor man den Risotto aufträgt, läßt man ihn auf der warmen Herdplatte fünf Minuten ziehen.

Eine kleine Vorspeise sind Tomaten auf sardische Art; wer daraus ein Hauptgericht machen will, verdoppelt die Zutaten: **Pomodori di magro alla sarda.**

Die Zutaten: 4 große, nicht ganz reife Tomaten, 4 Ölsardinen, 1 kleine Büchse Thon, 1 Aubergine (Eierfrucht), Olivenöl, Brotbrösel, Salz.

Die Tomaten werden quer durchgeschnitten, von den Kernen und dem Fruchtwasser befreit, in eine geölte, feuerfeste Schüssel gestellt und in den vorgeheizten Ofen geschoben. Nun schneidet man die Aubergine in kleine Würfelchen, dämpft sie in heißem Olivenöl und gibt sie in eine Schüssel, wo sie mit dem fein zerpflückten Thon und den Sardinen gut vermengt werden. Nachdem die Tomatenhälften 10 bis 15 Minuten gebraten haben, nimmt man sie aus dem Ofen und füllt sie mit der Auberginen-Fisch-Paste, bestreut sie mit Brotbröseln und brät sie während weiterer 10 Minuten gar.

Der wilde Fenchel gehört, wie gesagt, zu den wichtigsten Ingredienzen der sardischen Küche; aber auch mit Gartenfenchel läßt sich, sofern er jung und zart ist, ein typisches Inselgericht machen: **Agnello con finocchietti.**

*Dazu braucht es: 800 g Lammfleisch, 1 dl Olivenöl,
1/2 Zwiebel, 4 Eßlöffel Tomatenmark, 800 g kleine, zarte
Fenchelknollen, etwas Mehl, Salz und Pfeffer.*

Der Fenchel wird in nur schwach gesalzenem Wasser
al dente *gekocht, was je nach Größe der Knollen 10 bis 15
Minuten beanspruchen dürfte. Wenn er abgekühlt ist,
schneidet man ihn in nicht zu feine Scheiben und hebt den
Sud auf.*

*Nun wird das Lammfleisch in mundgerechte Stücke
geschnitten, gesalzen, gepfeffert und in Olivenöl ringsum
goldfarbig angebraten. Man stellt das Feuer klein, gibt das
Tomatenmark zum Fleisch und gießt so viel von dem Fen-
chelsud dazu, daß die Fleischstücke knapp bedeckt sind.
Man läßt eine halbe Stunde köcheln, gibt den zerkleinerten Fenchel zum Fleisch, verrührt alles gut und erhitzt
noch einmal bis zum Siedepunkt.*

Der im folgenden beschriebene Schmorbraten verrät
seine sardische Herkunft durch Sardellen, Wacholderbeeren und Pilze. Für **Manzo alla sarda** benötigt man:

*Rindfleisch im Gewicht von 800 g bis 1 kg. Eine Mari-
nade bestehend aus 1/2 l trockenem Weißwein, 20 g ge-
trockneten Pilzen, je 1 große Prise Pfeffer, Muskatnuß,
Gewürznelken und Wacholderbeeren (alles gemahlen)
und Salz. 100 g Butter, 4 Sardellenfilets, etwas Zitronensaft, 8 geröstete Brotschnitten, Weißwein und Fleischbrühe.*

*Das Fleisch wird über Nacht in die Marinade gelegt.
Man trocknet es ab, brät es in 50 g Butter ringsum gut an,
gibt die Marinade dazu und schmort es, bis diese fast voll-
ständig eingekocht ist. Nun gießt man soviel Weißwein
und Fleischbrühe (halb und halb) dazu, daß das Fleisch
knapp bedeckt ist, und schmort weiter. Inzwischen hat
man die Sardellenfilets mit 25 g Butter und etwas Zitro-*

nensaft im Mörser zerstoßen und mit der restlichen Butter die Brotschnitten geröstet. Jetzt nimmt man das Fleisch aus der bereits stark eingekochten Sauce, schneidet es in acht Scheiben und legt diese auf die noch heißen Brotschnitten. Die Sauce wird durch ein Sieb zu der Sardellenpaste gegeben und auf die Fleischscheiben verteilt.

Die sardischen Nachspeisen duften nach Mandeln, Honig, Anis, Pinienkernen, Walnüssen, Orangen- und Zitronenschale, Vanille und Safran; manchmal gibt auch ein lokaler, mit Jasmin oder Thymian gewürzter Liqueur dem Gebäck oder dem Croquant seinen letzten Schliff. Die Zubereitungsart ist immer ganz einfach, fast primitiv, wie etwa bei der sardischen Mandeltorte, **Torta di mandorle alla sarda.**

Zutaten: 200 g Zucker, 150 g grobgemahlene Mandeln, 50 g Mehl, 6 Eier, etwas Vanille-Zucker, 1/2 Beutelchen Backpulver, 1 Zitrone, etwas Butter.

Die Dotter von 6 Eiern werden mit dem Zucker verrührt, dann gibt man das Mehl, das Backpulver, die abgeriebene Schale einer Zitrone und den Vanille-Zucker dazu. Das Weiße der Eier wird zu steifem Schnee geschlagen, unter den Teig gehoben und dieser in eine gebutterte, mit Mehl bestreute Tortenform gegeben. Man bäckt bei mittlerer Hitze, läßt die Torte erkalten und bestreut sie mit Staubzucker oder überzieht sie mit einem Zuckerguß.

Italienisch-deutsches Register

Suppen und Saucen

116

Maccheroni alla marinara
Makkaroni mit Oliven 90
Maccheroni alla San Giovaniello
Makkaroni mit Schinken.......................... 90
Pasta alla catanese
Teigwaren mit Auberginen 106
Polenta
Maisbrei 35
Polenta concia
Friuleser Maisbrei................................. 48
Ravioli di magro
Genoveser Fisch-Ravioli........................... 22
Risi e bisi
Reis mit Zuckererbsen............................. 34
Risi e fenoci
Reis mit Fenchelknollen 34
Risotto alla milanese
Mailänder Reis 28
Risotto alla padovana
Paduaner Reis.................................... 35
Risotto alla toscana
Toskanischer Reis................................. 58
Risotto alla sarda
Sardischer Reis 112
Spaghetti all'abruzzese
Abruzzer Spaghetti............................... 82
Spaghetti alio e olio
Spaghetti mit Knoblauch und Öl 90
Spaghetti alla carbonara
Spaghetti mit Speck und Eiern..................... 64
Spaghetti alla gricia
Spaghetti mit Speck und Schafkäse................. 76
Spaghetti alla napoletana
Neapoletanische Spaghetti........................ 89
Spaghetti alla spoletana
Spaghetti mit Tomaten und Schafkäse 65

Fleisch und Geflügel

Olive ripiene
Gefüllte Oliven   70

Patate al marsala
Kartoffeln mit Marsala   107

Peperoni ripieni
Gefüllte Pfefferschoten   77

Pomodori all'umbra
Umbrische Tomaten   65

Pomodori di magro alla sarda
Sardische Tomaten   113

Spugnole marinate
Marinierte Morcheln   73

Nachspeisen

Budino di riso e castagne
Reis-Kastanien-Pudding   109

Caffé valdostano
Kaffee Val d'Aosta   18

Fritole istriane
Istrisches Schmalzgebäck   48

Panettone   25

Topfenknödel   43

Torta di mandorle alla sarda
Sardische Mandeltorte   114

Versoffene Kapuziner   42

Zabaione   18

Bibliographie

Anna Gosetti della Salda: Le ricette regionali italiane.
Milano, Casa editrice «La cucina italiana». 1967
Felice Cùnsolo: Guida gastronomica d'Italia. Istituto geografico
De Agostini, Novara. 1975
Luigi Carnacina/Luigi Veronelli: La cucina rustica regionale.
Biblioteca Universale Rizzoli, Milano. 1976
Massimo Alberini: Emiliani e Romagnoli a tavola. Longanesi & C.
Milano. 1969
Andreas Hellrigl: Südtiroler Küche. Wilhelm Heyne Verlag, Mün-
chen. 1970

Inhalt